ORIGAMI MASTERS
BUGS

世界のオリガミ・マスターズ
BUGS

「昆虫戦争」は折り紙を
ここまで変えた！

まえがき……シェリー・ガースタイン
イラスト……マルシオ・ノグチ

作品制作

ウォン・パーク

セバスチャン・アレラーノ

マーク・カーシェンバウム

ダニエル・ロビンソン

ジェイソン・クー

シュウキ・カトウ

ロバート・J・ラング

駒草出版　株式会社ダンク
出版事業部
DANK GROUP

訳者プロフィール

小川 未来
実用書を中心に、幅広い分野の翻訳を
手掛けている。

世界のオリガミ・マスターズ

BUGS

「昆虫戦争」は折り紙をここまで変えた!

初版発行	2015年2月23日
訳者	小川 未来
発行者	井上 弘治
発行所	駒草出版 株式会社ダンク出版事業部
	〒110-0016
	東京都台東区台東3-16-5 ミハマビル9F
	tel 03-3834-9087　fax 03-3831-8885
	www.komakusa-pub.jp/
編集翻訳協力	株式会社ラパン

ISBN 978-4-905447-36-8
落丁・乱丁本はお取り換え致します。定価はカバーに表示してあります。

ORIGAMI MASTERS:BUGS
Copyright© 2013 Race Point Publishing,
Quarto Publishing Group USA Inc.
All rights reserved. No part of this publication may be reproduced, stored in a retrieval system, or transmitted, in any form or by any means, electronic, mechanical, photocopying, recording, or otherwise, without prior written permission from the publisher.
editor Sherry Gerstein
designer Tim Palin Creative
photographer Andrew Werner Photography
Printed in China
Japanese translation rights through Dai Nippon Printing Co.,Ltd.,

The artist is a receptacle for emotions that come from all over the place: from the sky, from the earth, from a scrap of paper . . .

–Pablo Picasso

芸術家は、あらゆるものからインスピレーションを得る。
空を見上げても、大地を見渡しても、
そしてたった1枚の紙切れからも、何かを感じるものなのだ……
———— パブロ・ピカソ ————

目 次

まえがき 8

用語と記号 14

作品の折り方 17

ウォン・パーク 18

「羽ばたく1ドル紙幣のチョウ」 19

「1ドル紙幣のトンボ」 23

セバスチャン・アレラーノ 28

「ナンキンムシ」 29

「祈るカマキリ」 36

マーク・カーシェンバウム 46

「蚊」 47

「テントウムシ」 55

ダニエル・ロビンソン 70

「コノハムシ」. 71

ジェイソン・クー 82

「サイカブトムシ」. 83

「オオミズアオ（ルナモス）」. 99

シュウキ・カトウ 122

「カミキリムシ」. 123

「飛ぶヘラクレスオオカブト」. 141

ロバート・J・ラング 162

「スズメバチ　作品 624」. 163

展開図 176

イラストレーターについて 183

著作権 184

まえがき

昆虫戦争

　たった1枚の紙から、どんなものが作れますか？

　はさみも糊も使わず、1枚の紙をただ手で折っていくだけ。そうやって、どれくらい複雑な形を作れますか？

　1990年代に卓越した折り紙創作家たちがこぞってこの問いを追求して、非公式の競作を繰り広げました。のちに「昆虫戦争」として知られるようになったこの競作を通して、熟練の創作家たちは伝承折り紙という枠組みを超え、新たな技術を模索し発見していくこととなりました。昆虫というこれまでにない多くのパーツを持つ形を作り出せるとわかったことで、折り紙の世界は大きな進化を遂げたのです。

20世紀半ばまで、折り紙はいくつかの基本パターンを変形して作るものばかりでした。

今ではたくさんのトゲを持つウニから精巧な鳩時計まで、あらゆる形を模した複雑な折り紙が数多く作られているのですから、とても信じられない話です。古くからあるにもかかわらず、折り紙の技法は20世紀半ばまでほとんど進化しなかったのです。折り上げられる形はどれもシンプルで、基本となるいくつかのパターンを変形するものばかりでした。

　ところが吉澤章というひとりの日本人が折り紙の作り方を表現する図と記号を体系化したことで、そんな状況が変わり始めました。現代折り紙の父と呼ばれる彼は数多くの創作作品を発表し、折る工程を図解した本を1940〜50年代にかけて何冊も出版しました。こうして多くの人たちが、直接教わるしかなかった技術を本で学べるようになったのです。

現代折り紙の父と呼ばれる吉澤章

またアメリカではサミュエル・ランドレット、イギリスではロバート・ハービンがこの方法を改良しながら取り入れたことで、折り紙の共通言語は世界中に広まり始めました。さらにはヨーロッパの伝統的折り紙も知られるようになり異種交配が起こったことで、古くから伝わる技法に新たな息吹が吹き込まれ、伝統的なやり方にとらわれずに自由に創作する土壌が育まれました。

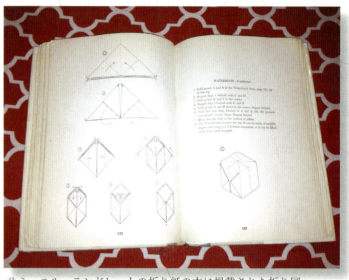

サミュエル・ランドレットの折り紙の本に掲載された折り図

　1970～80年代にかけて折り紙は世界中に普及し、日本、アメリカ、イギリス、スペインなどあちこちの国で折り紙団体が設立されました。土台となったのは日本の伝承折り紙ですが、一方では世界中で新たな創作作品が次々と発表され、作り方も公表されました。今でもそうですが、折り紙をする人たちは新たな知識をひとり占めせず、進んで人に教えます。とはいっても当時の作品はまだかなりシンプルで、工程もせいぜい30くらいでした。伝承折り紙の基本形には体の各パーツに変化しうる「カド」と呼ばれる部分の数が少なく、どうすればその数を増やせるのか誰にもわからないため、折り紙はなかなか次のレベルへ進めませんでした。

　しかしアメリカのジョン・モントロールと前川淳が突破口を開き、続いてロバート・J・ラングと目黒俊幸がサークル／リバーパッキング（円領域／帯領域分子法）と呼ばれる革新的な技法を発表しました。理系の素養を持つ日米の折り手が別々に開発したその手法は、1990年代に相次いで本として出版されました。これは四角い平面に脚や羽など作品の各パーツとなる円を必要なだけ書き込んで折り線を割り出すという素晴らしい技術で、6本脚でも羽でもその他のパーツでも好きな場所に好きなだけ「カド」を折り出せるようになった折り手たちは、伝統的技法にとらわれなくてもいいのだと開眼しました。こうして伝承折り紙の技法を踏み台に、創作折り紙というさらに上の世界へと彼らはのぼっていったのです。

またロバート・J・ラングの開発したコンピュータープログラムTreeMakerは、どんなに複雑な作品でも体系的に設計し、人と共有できると実証しました。TreeMakerを使えば、おおよその完成予想図をコンピューター上に描くだけで、折り上げるのに必要な折り筋をすべて表示した基本的な展開図が作成できました。他の創作家たちもコンピューターを使わずに同じ概念を実践し始め、紙と鉛筆だけで展開図を描き、信じられないほど複雑な作品を作りあげました。こうして展開図は、非常に複雑な作品の作り方を人に伝達するための標準的な手法となっていきました。あまりにも作り方が複雑になると、ひとつひとつの手順を分解して説明する従来の方法では間に合わなくなってしまったのです。

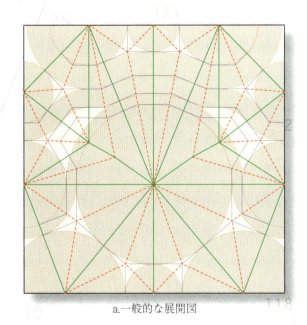

a.一般的な展開図

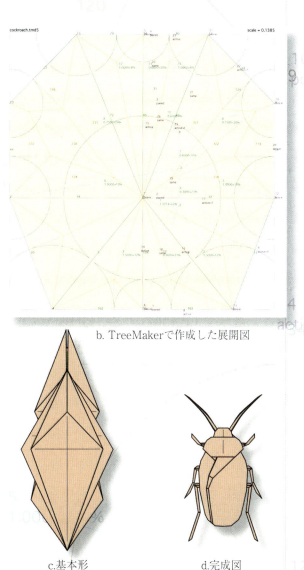

b. TreeMakerで作成した展開図

c.基本形　　　d.完成図

まえがき

技術革新のおかげで、創作家たちは思いついたアイデアをどうやって実現するか模索する時間を、大幅に節約できるようになりました。幾何学的手法による設計になじむことができれば、作品が複雑になるにつれて増していた負担が軽くなり、新たなアイデア探しに集中できます。つまり、ひとつの作品を生み出すのにかかる時間を大幅に短縮できるのです。

　最初に日本の熟練した折り手たちが、本物そっくりの昆虫を作り出して新たな創作折り紙の世界へと飛翔しました。日本折紙学会が毎年行うコンベンションで目黒俊幸、前川淳、西川誠司、川畑文昭といった創作家たちが力のこもった最新作を発表し、コンピューターを使わないで設計された彼らの作品が翌年の作品の基準となってきました。脚を6本持つ昆虫、さらには羽、ツノ、斑点を示す色の変化を生み出してきた友好的な競い合いの精神は、やがて海を渡り、OrigamiUSAで毎年行われるコンベンションにも引き継がれました。そして日本で昆虫戦争に参加した唯一のアメリカ人であるロバート・J・ラングは友人のダン・ロビンソンと神谷哲史に挑み、5本のツノを持つゴホンヅノカブトムシを作り出しました。こうして折り紙は進化し続けているのです。

　この本に収められている作品はその2004年の競作で作られたものではありませんが、当時と同じ精神を受け継いでいます。南北アメリカ出身の一流創作家たちによる最新の技法を使ったものばかりで、いわば20年以上にわたる技術的実験の集大成です。

　しかしこれらは同時に、ひとつの時代の終わりを象徴するものでもあります。技術的な壁が取り払われた今、折り紙は岐路に立っています。そもそも折り紙とは何なのかという根源的な問いに直面しているのです。芸術？　数学？　科学？　あるいはそれらすべてが融合したもの？　多くの折り紙創作家たちは前進し続け、複雑な技術ではなく簡素さを追求することによって芸術性と美を見出そうとしています。また、「多角形パッキング」という言葉（「サークル／リバー・パッキング」と類似の概念）を検索してみればわかるように、様々なサイトでこうした技術について活発な議論が行われています。また工業デザイナーたちは折り紙界と積極的に交流し、エアバッグを折りたたむ技術などに折り紙を応用しています。

　これから折り紙はどう変わっていくのでしょうか？　いい質問です。紙を裏返してふたたび折り始めた創作家たちの頭の中には、どんなものができあがっていくかその形が見えているはずです。

シェリー・ガースタイン

We can allow satellites, planets, suns, universe, nay whole systems of universes, to be governed by laws, but the smallest insect, we wish to be created at once by special act.

–Charles Darwin

衛星、惑星、太陽、銀河、いやそれどころか宇宙全体は
特定の法則に従っている。けれどもちっぽけな虫は、
何か特別な力が働いてポンと生れ出てくるのだと思いたい
———— チャールズ・ダーウィン ————

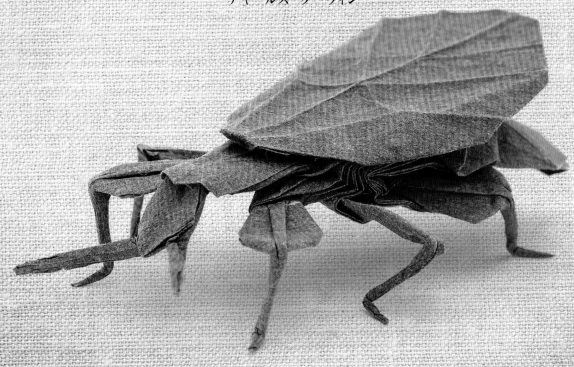

用語と記号

———	紙のフチ
———	折り筋
- - - - -	谷折り
—·—·—	山折り
⤴	手前に折る
⤴	裏側に折る
↔	折り筋をつける
....	隠れている線
↻	回転させる
▼	沈める／つぶす／押す
◁	こちら側から見る
↺	裏返す
⇒	開く
6-10	繰り返す
↪	図を拡大する
🔍	細部を見る
↝	段折り
↝↝	両側を段折り

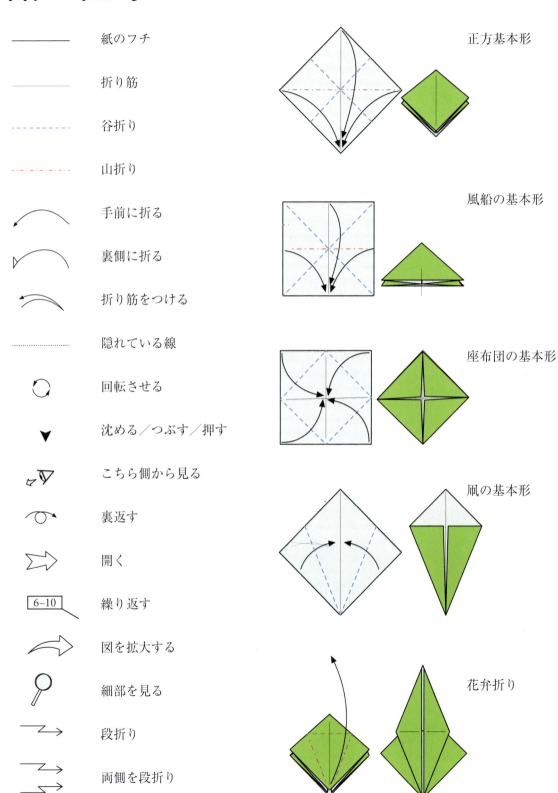

正方基本形

風船の基本形

座布団の基本形

凧の基本形

花弁折り

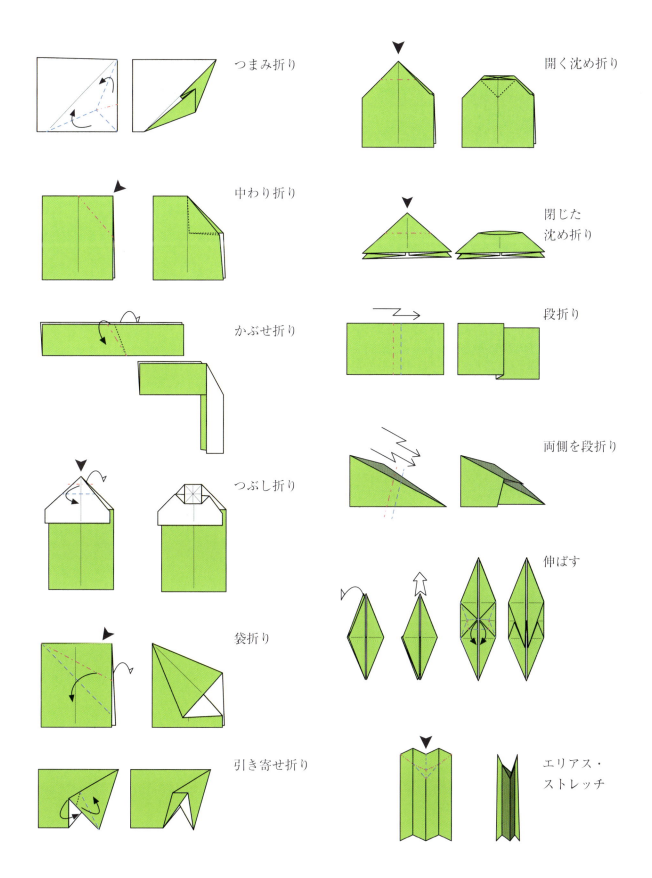

作品の折り方

ウォン・パーク

羽ばたく1ドル紙幣の
チョウ

1ドル紙幣の
トンボ

　ウォン・パークは、30年以上にわたって紙を折るという芸術を追求している折り紙創作家です。
　彼は制作に、アメリカを始め様々な国の紙幣を使います。丁寧で正確な折りから生まれるその作品は、細部にまで目の行き届いた極めて芸術性の高いものです。
　現在はハワイのホノルル在住です。

羽ばたく1ドル紙幣のチョウ

2012年に初めて制作した、ぼくの最新作のひとつです。生きているチョウのひらひらした羽の動きを表現したくて作りました。折り上がったあとアイロンをかけると、きれいに羽ばたきます。

1

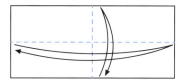

辺を2等分する折り筋をつける。

2

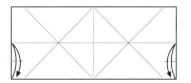

※ 原文の図は省略

45度の折り筋をつける。

3

図の位置をつまんで、折りあとをつける。

4

図の位置をつまんで、折りあとをつける。裏返す。

5

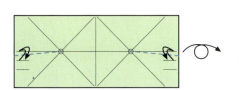

図の位置に折り筋をつける。裏返す。

6

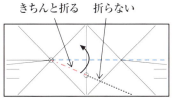

きちんと折る　折らない

谷折り線を折る。そこに左下の二等辺三角形の2辺を一緒にして重ね合わせる。内側にできた2つのひだの奥のほうを押さえるが、山折り線で示した部分のみにすること。平らにはならない。

7

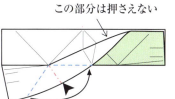

この部分は押さえない

手順6で説明したとおり谷折り線を合わせたうえで、カドを2等分する山折り線を折る。

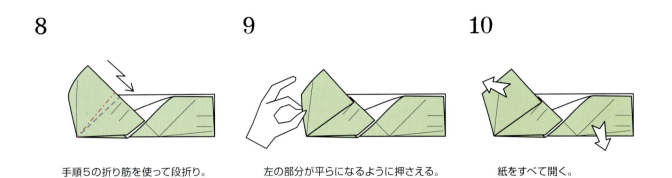

8 手順5の折り筋を使って段折り。

9 左の部分が平らになるように押さえる。

10 紙をすべて開く。

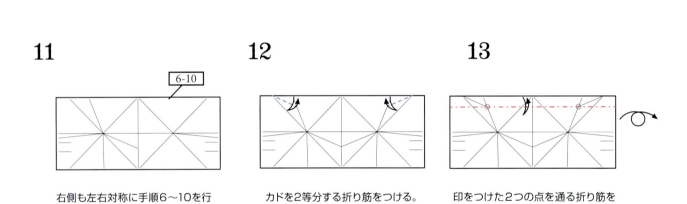

11 右側も左右対称に手順6〜10を行う。

12 カドを2等分する折り筋をつける。

13 印をつけた2つの点を通る折り筋をつける。裏返す。

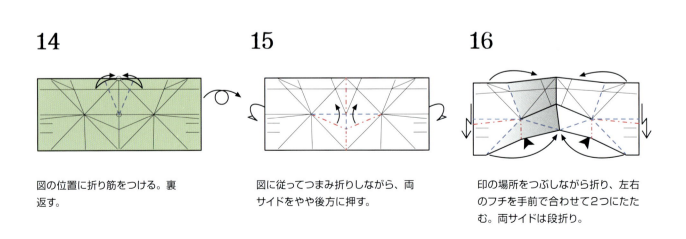

14 図の位置に折り筋をつける。裏返す。

15 図に従ってつまみ折りしながら、両サイドをやや後方に押す。

16 印の場所をつぶしながら折り、左右のフチを手前で合わせて2つにたたむ。両サイドは段折り。

17

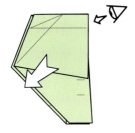

指示の方向に視点を変え、両側を少し開く。

18

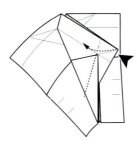

手順14の折り筋に合わせて中わり折り。

19

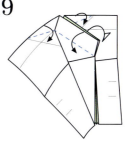

手順12、13の折り筋に合わせて谷折り。右側も同様にする。

20

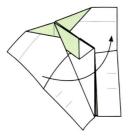

閉じる。完全に平らになる。

21

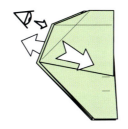

視点を変える。開く。

22

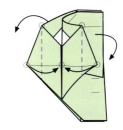

図のように谷折り。羽を開いて右側に持ってくる。平らにはならない。

23

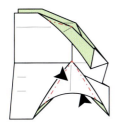

上部は平らになるように折り直す。下部は左右均等になるようにつぶす。裏側も同様にする。完全に平ら。

24

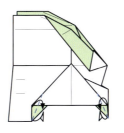

カドを2等分するように谷折り。裏側も同様にする。

25

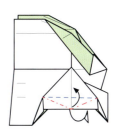

左右で下になっている紙を引き出しながら、上に持ち上げるように引き寄せ折り。裏側も同様にする。

26

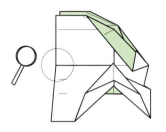

円の部分を拡大する。

27

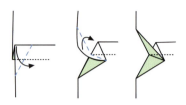

上の1枚を谷折りして、引っ張られた部分をつぶす。裏側も同様にする。

28

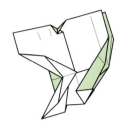

羽ばたく1ドル紙幣のチョウのできあがり。うまく羽ばたくように、アイロンをかけてぴんとさせる。

29

頭をつまみながら胴体の端を引っ張ると、羽が動く。

羽を開き上から見下ろした作品

1ドル紙幣のトンボ

これは最初期のオリジナル作品です。高校生のときに作りました。ベースはチョウと一緒です。きれいに折るコツは紙幣を少し濡らすこと。それから折った部分を押さえるのに締め具を使うことです。

1

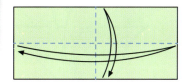

辺を2等分する折り筋をつける。

2

45度の折り筋をつける。裏返す。

3

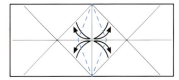

カドを2等分する折り筋をつける。

4

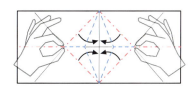

図の2カ所をつまんで両側からつぶす。

5

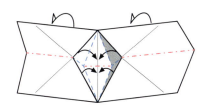

中央を沈め、上の辺を裏に向けて折って半分にたたむ。

6

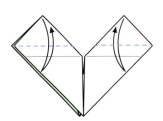

折り筋をつける。

7

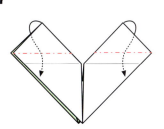

中わり折り。

26

腹部を細くする。

27

半分に折る。

28

4ヵ所段折りし、腹部の形を整える。

29

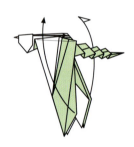

羽を開く。

トンボのできあがり

編集者から：紙幣を使う折り紙は、紙が長方形であるため普通とは違った難しさがあります。ウォン・パークはこの作品で、横幅の広さを使って長く美しいトンボの羽をうまく表現しています。はっきりと独立した2組の羽があることに注目して下さい。ほとんどの昆虫には羽が2組あります。同じベースから作られた羽ばたくチョウも、大きな羽が特徴的です。

1ドル紙幣のトンボ

セバスチャン・アレラーノは11歳のときに折り紙を始め、3年後にはオリジナルの作品を作り始めました。さまざまな生き物を空想するのが好きな彼は、折り紙というユニークな表現手段を得てそれらを形にできるようになったのです。

アニメーションとデジタルアートを専攻する学生で、イラストレーションや三次元モデリングも学んでいます。メキシコ在住。

祈るカマキリ

セバスチャン・アレラーノ

ナンキンムシ

ナンキンムシ

この作品はぼくの最初期のオリジナル作品で、何度も改良を加えています。たいてい15〜20cm四方の紙で作っていますが、30cm四方以下ならば大丈夫でしょう。写真の作品はホイル紙（薄紙とホイルを貼り合わせた紙）ですが、もっと硬い紙でも作れます。初めて作ったときは、ニスを塗って妹のために髪留めに仕立てました。なかなか変わったアクセサリーになりましたよ！

1

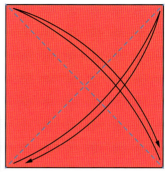

対角線に折り筋をつける。

2

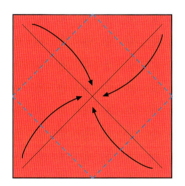

4隅を中心に向かって折る。

3

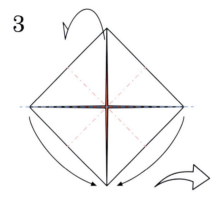

正方基本形を作る。

4

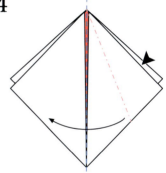

袋折りにする。

5

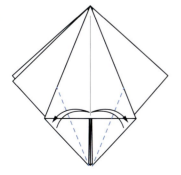

カドを2等分する折り筋をつける。

6

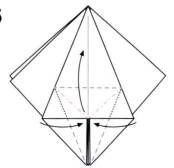

花弁折りをする。

7

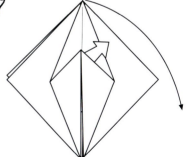

1枚をはがしながら右に開く。

8
花弁折りの折り筋に従ってつぶし、手前に持ち上がった部分を右に倒す。

9
袋折りにする。

10
両サイドを中わり折りにする。

11
残り3カ所も手順4～10を行う。

12
1枚上に折り上げる。

13
右の辺に垂直になるように谷折り。

14
水平な線で折り上げる。

15
手順13～14で折った部分を開く。

16
左右対称に手順13～14を行う。

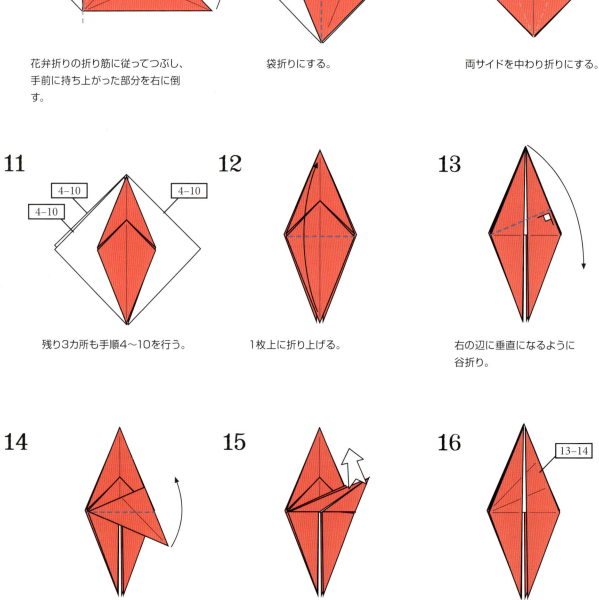

17

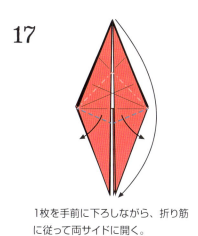

1枚を手前に下ろしながら、折り筋に従って両サイドに開く。

18

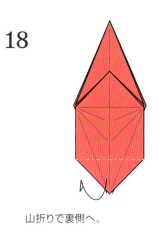

山折りで裏側へ。

19

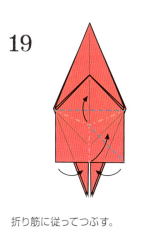

折り筋に従ってつぶす。

20

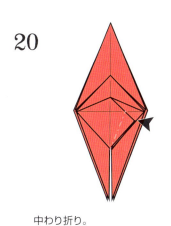

中わり折り。

21

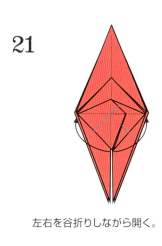

左右を谷折りしながら開く。

22

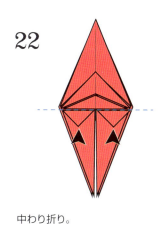

中わり折り。

23

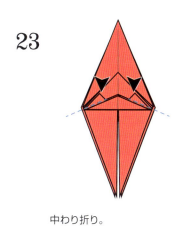

中わり折り。

24

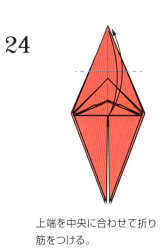

上端を中央に合わせて折り筋をつける。

25

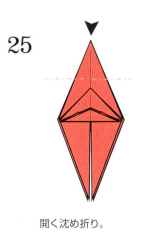

開く沈め折り。

26
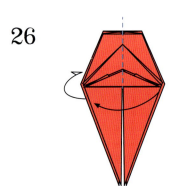
全体の1/4を左にめくる。
裏側も同様にする。

27
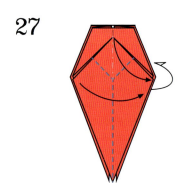
中わり折りにしながら左にたたむ。
裏側も同様にする。

28
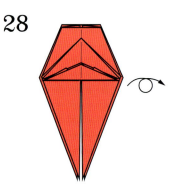
裏返す。

29
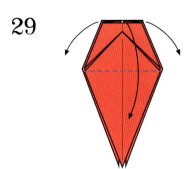
上部を広げながら手前に開く。

30
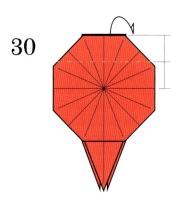
上部を裏へ山折りにする。

31
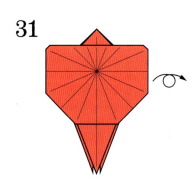
裏返す。

32
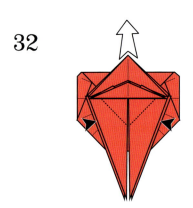
手順30の山折りを開きながら、
上へ引っ張る。

33
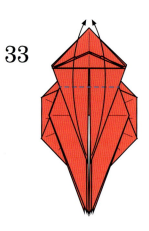
上に折る。

34
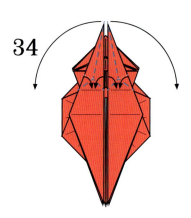
つまみ折りで両サイドに開く。

35 下から上に開く。

36 つまみ折りで両サイドに開く。

37 裏返す。

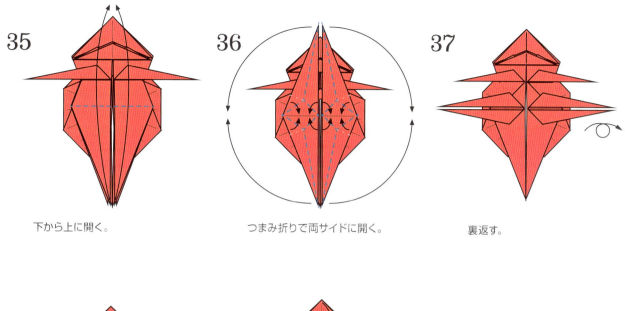

38 上部を谷折り、下部を山折り。

39 谷折りをする。

40 両サイドを裏へ。

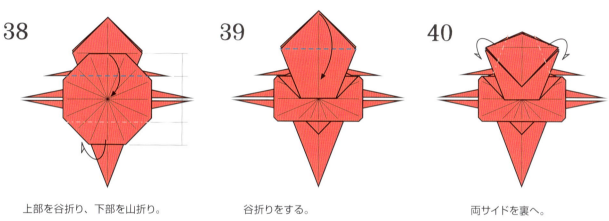

41 両サイドを手前に折る。

42 両サイドを裏へ。

43 下端を中央に合わせて折り筋をつける。

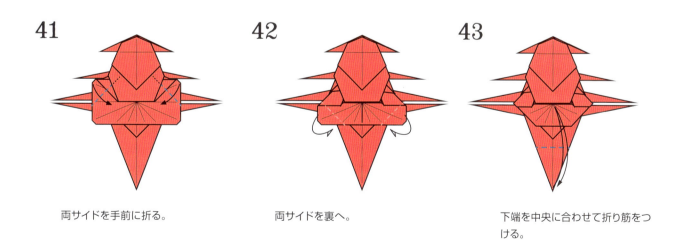

44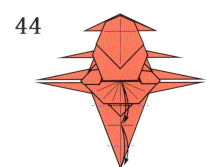
それぞれ半分のところに折り筋をつける。

45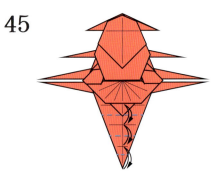
3カ所をふたたび半分に折って、折り筋をつける。

46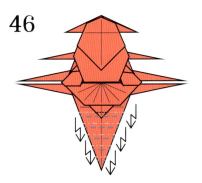
5カ所で段折り。

47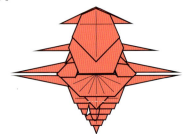
先端を裏へ折る。

48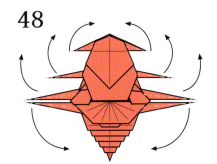
脚と触角をそれぞれ細くして、図を参考に向きを調整する。

49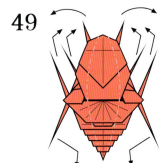
脚に関節を作る。

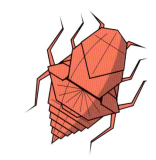
ナンキンムシのできあがり

裏側から見たところ

ノンキンムシ　35

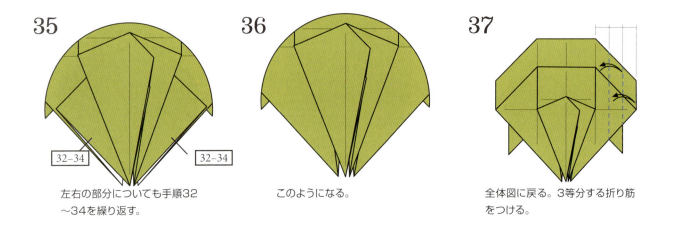

35 左右の部分についても手順32〜34を繰り返す。

36 このようになる。

37 全体図に戻る。3等分する折り筋をつける。

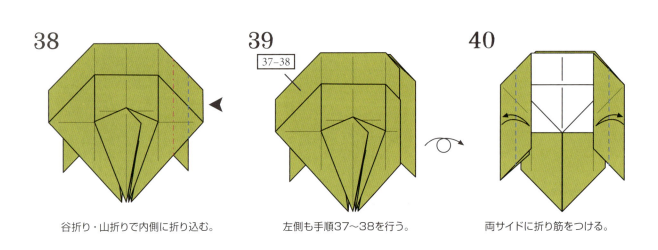

38 谷折り・山折りで内側に折り込む。

39 左側も手順37〜38を行う。

40 両サイドに折り筋をつける。

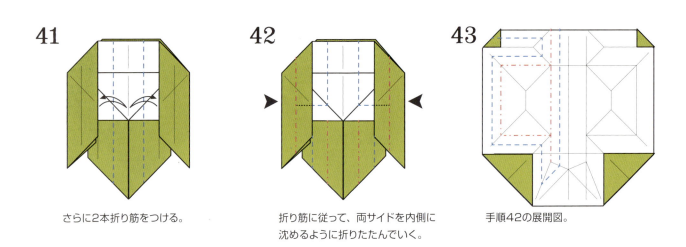

41 さらに2本折り筋をつける。

42 折り筋に従って、両サイドを内側に沈めるように折りたたんでいく。

43 手順42の展開図。

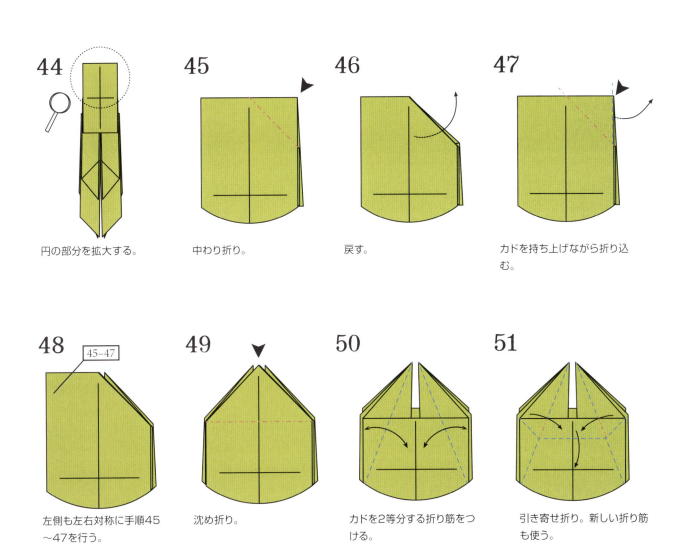

44 円の部分を拡大する。
45 中わり折り。
46 戻す。
47 カドを持ち上げながら折り込む。
48 左側も左右対称に手順45〜47を行う。
49 沈め折り。
50 カドを2等分する折り筋をつける。
51 引き寄せ折り。新しい折り筋も使う。

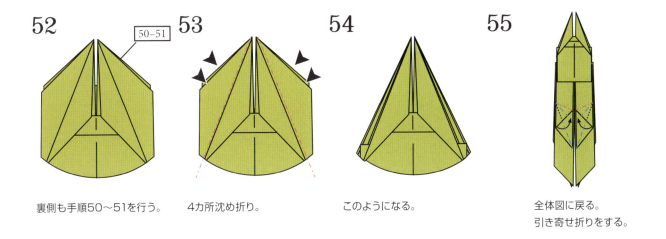

52 裏側も手順50〜51を行う。
53 4カ所沈め折り。
54 このようになる。
55 全体図に戻る。引き寄せ折りをする。

祈るカマキリ 41

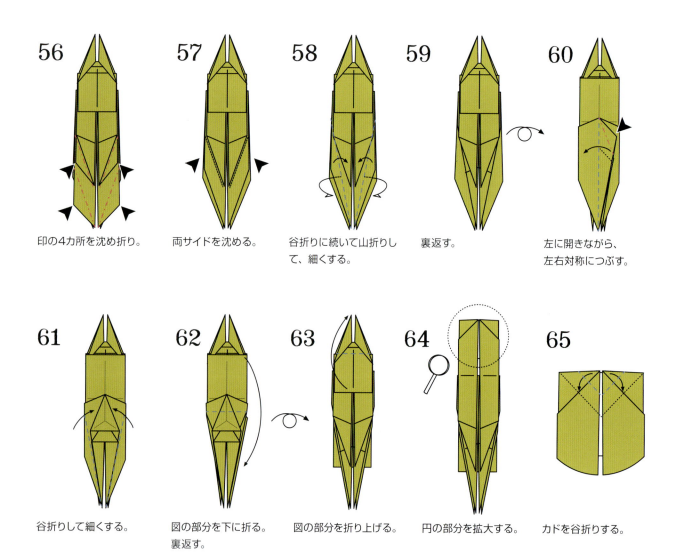

56 印の4カ所を沈め折り。
57 両サイドを沈める。
58 谷折りに続いて山折りして、細くする。
59 裏返す。
60 左に開きながら、左右対称につぶす。
61 谷折りして細くする。
62 図の部分を下に折る。裏返す。
63 図の部分を折り上げる。
64 円の部分を拡大する。
65 カドを谷折りする。

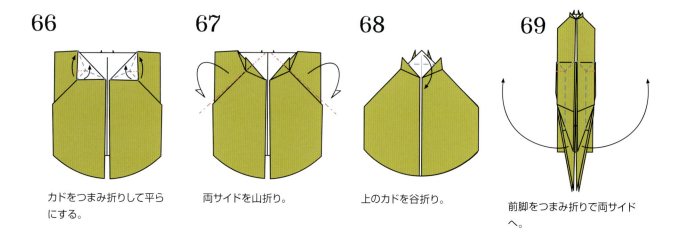

66 カドをつまみ折りして平らにする。
67 両サイドを山折り。
68 上のカドを谷折り。
69 前脚をつまみ折りで両サイドへ。

42　世界のオリガミ・マスターズ BUGS

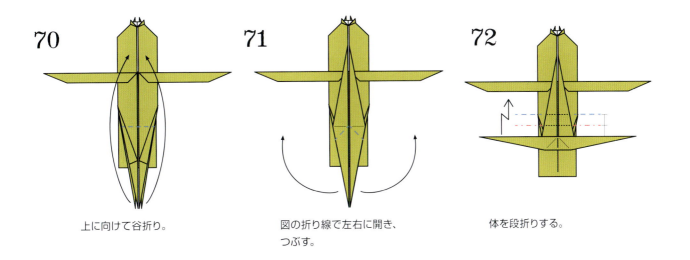

70 上に向けて谷折り。

71 図の折り線で左右に開き、つぶす。

72 体を段折りする。

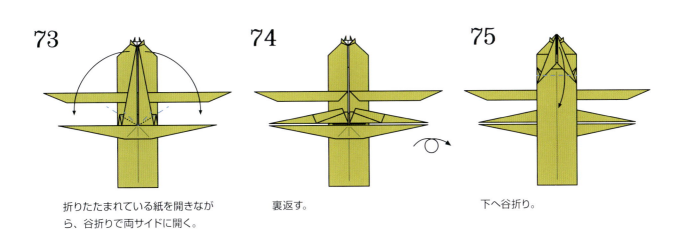

73 折りたたまれている紙を開きながら、谷折りで両サイドに開く。

74 裏返す。

75 下へ谷折り。

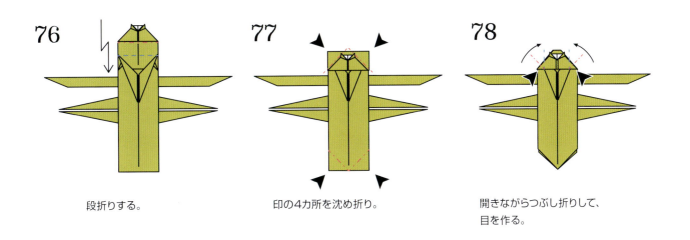

76 段折りする。

77 印の4カ所を沈め折り。

78 開きながらつぶし折りして、目を作る。

祈るカマキリ　43

79
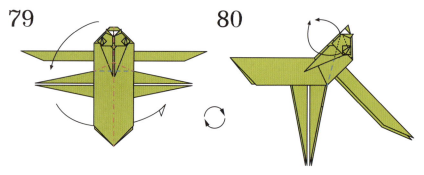

段折りで首を作りながら、半分に折る。向きを変える。

80

表も裏も谷折りしながら頭を作る。

81
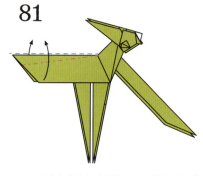

図のように山折りして、羽を上に移動させる。裏側も同様に。

82
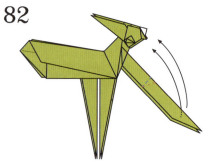

前脚を段折りして関節を作る。

83
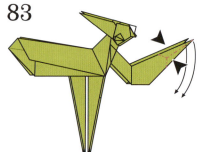

2本の前脚の先をつまみ折りして、物をつかむ部分を作る。

84
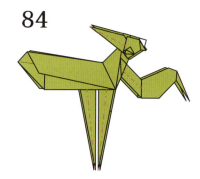

脚と触覚を山折りで細くする。

85
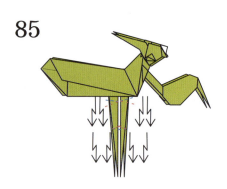

図のように段折りして、関節を作る。

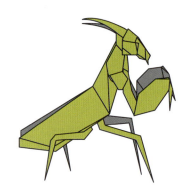

祈るカマキリのできあがり

祈るカマキリ 45

蚊

マーク・
カーシェンバウム

テントウムシ

　アメリカ人のマーク・カーシェンバウムは優れた折り紙創作家で、様々な題材をバラエティーに富んだ素材で作ることで知られています。トイレットペーパーを使うことすらあります。
　アメリカ自然史博物館、スミソニアン博物館、サンディエゴにある民芸国際博物館、ハンガー7（航空機のプライベートコレクションを公開しているオーストリアの施設）など多くの美術館や博物館に作品が展示されていて、本や雑誌に掲載されているものもあります。
　アメリカ最大の国際的折り紙団体OrigamiUSAのメンバーとして精力的に創作活動を行っており、現在は評議員のひとりとして同団体の広報活動を指揮しています。

蚊

私はコウゾの繊維を漉き込んだ雲竜紙を好んで使いますが、長くて強い繊維で作られた上質の紙なら何でもかまいません。2.5cm四方あたり20g以下の薄手の紙が適しています。写真の作品は2色で仕上げるため、約25cm四方の2枚の紙をメチルセルロースで貼り合わせて使っています。

1

辺を2等分する折り筋をつける。

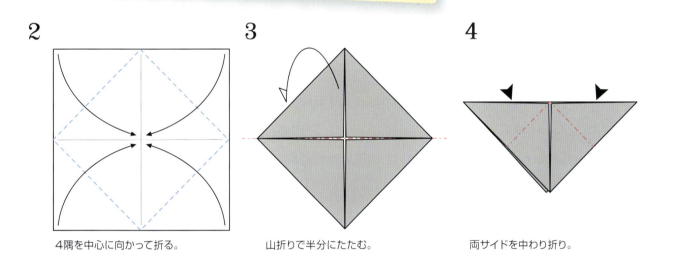

2　4隅を中心に向かって折る。

3　山折りで半分にたたむ。

4　両サイドを中わり折り。

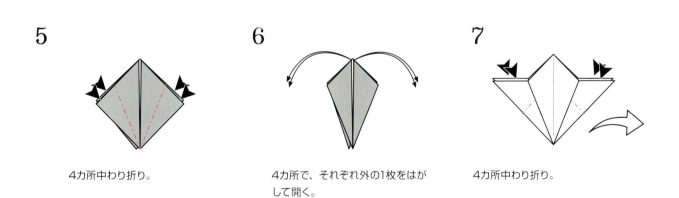

5　4カ所中わり折り。

6　4カ所で、それぞれ外の1枚をはがして開く。

7　4カ所中わり折り。

蚊　47

8

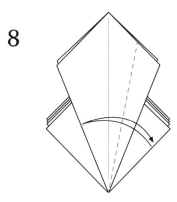

谷折りで折り筋をつける。

9

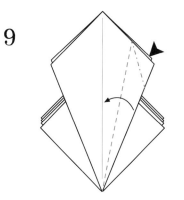

谷折りしながら、上部をつぶし折り。

10

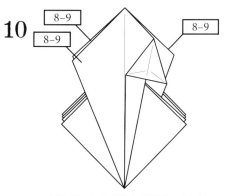

残り3つの部分にも手順8〜9を行う。

11

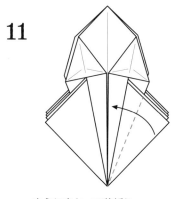

中心に向かって谷折り。

12

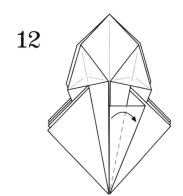

カドを2等分するように谷折り。

13

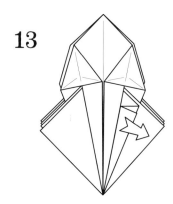

段折りした部分を開く。

14

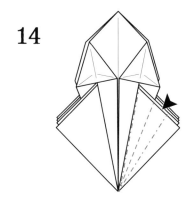

蛇腹状に内側に折り込む。

15

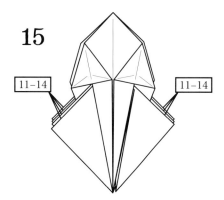

残りの7つの部分にも手順11〜14を行う。

16

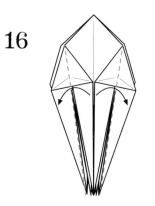

1枚を左右それぞれ外に向かって折る。

17
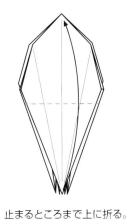
止まるところまで上に折る。

18
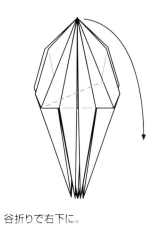
谷折りで右下に。

19
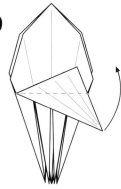
谷折りで上に。

20
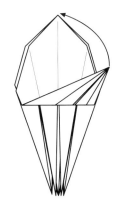
段折りした部分を開く。

21
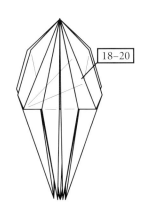
左右対称に手順18〜20を行う。

22
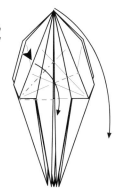
折り筋に従って袋折り。

23
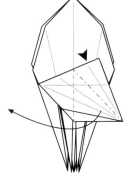
袋折り。

24
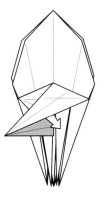
内側の紙を引き出す。

25
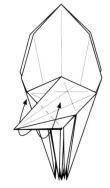
かぶせ折り。

26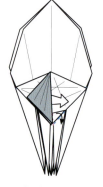
内側から2枚引き出し平らにする。

27
袋折り。

28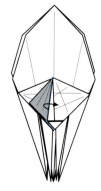
2枚開いて裏に折り込む。

29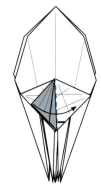
右へ谷折り。

30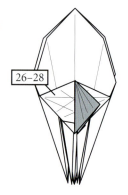
左右対称に手順26〜28を行う。

31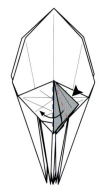
袋折りをする。

32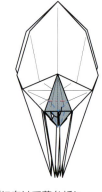
内側に向けて花弁折り。

33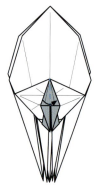
右へ谷折り。

34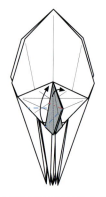
中央部を引き寄せ折りしながら、上に折り上げる。

50　世界のオリガミ・マスターズ BUGS

35
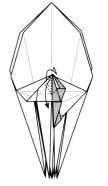
上部を手前に引き寄せ折りしながら、下に折る。

36
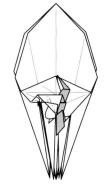
カドの2等分線で裏へ引き寄せ折り。

37
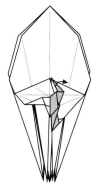
内側の紙を引き出しながら、谷折り。

38
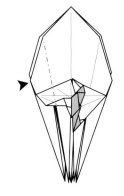
折り筋に従って、閉じた沈め折り。

39
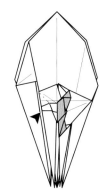
カドを中わり折り。

40
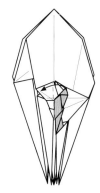
谷折りで左へ。

41
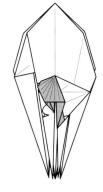
山折りで裏へ。

42
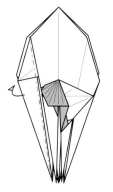
山折りで裏へ。

43
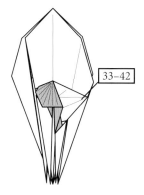
右側も左右対称に手順33〜42を行う。

44
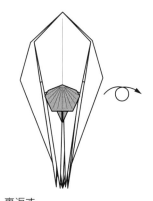
裏返す。

45
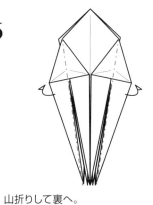
山折りして裏へ。

46

下へ谷折り。

47

止まるところまで折り上げる。

48
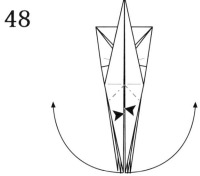
上の1組を、均等に層が分かれるように中わり折りしながら横に開く。

49
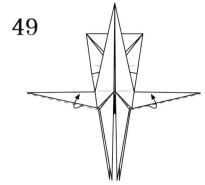
中わり折りの手前側半分の内側から1枚引きはがして、反転させるように表に折り上げる。

50
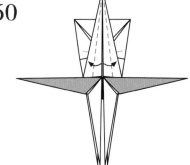
上の1枚を両サイドへ谷折り。

51
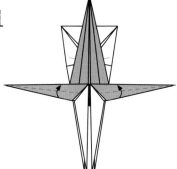
カドの2等分線で谷折り。

52
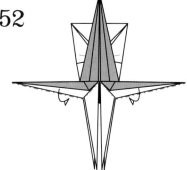
中わり折りの奥半分の内側から1枚引きはがして、反転させるように裏へ折り上げる。

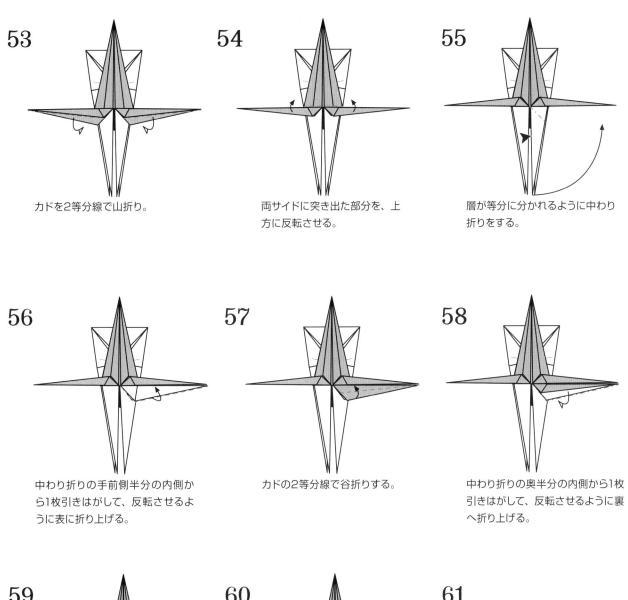

53 カドを2等分線で山折り。

54 両サイドに突き出た部分を、上方に反転させる。

55 層が等分に分かれるように中わり折りをする。

56 中わり折りの手前側半分の内側から1枚引きはがして、反転させるように表に折り上げる。

57 カドの2等分線で谷折りする。

58 中わり折りの奥半分の内側から1枚引きはがして、反転させるように裏へ折り上げる。

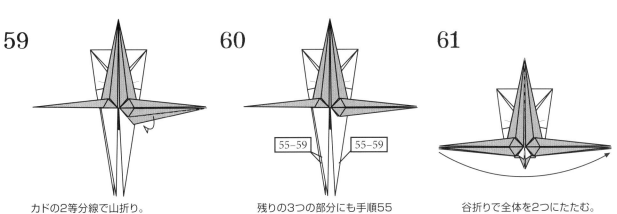

59 カドの2等分線で山折り。

60 残りの3つの部分にも手順55～59を行う。

61 谷折りで全体を2つにたたむ。

62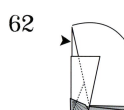

中わり折り。

63

腹部の一番外の層を広げる。

64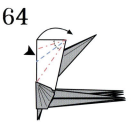

中わり折りとかぶせ折りを交互に繰り返し、内側に折り込む。

65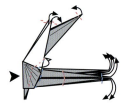

腹部と羽の先を中わり折りにする。体と羽に丸みをつける。脚の位置を調整する。

蚊のできあがり

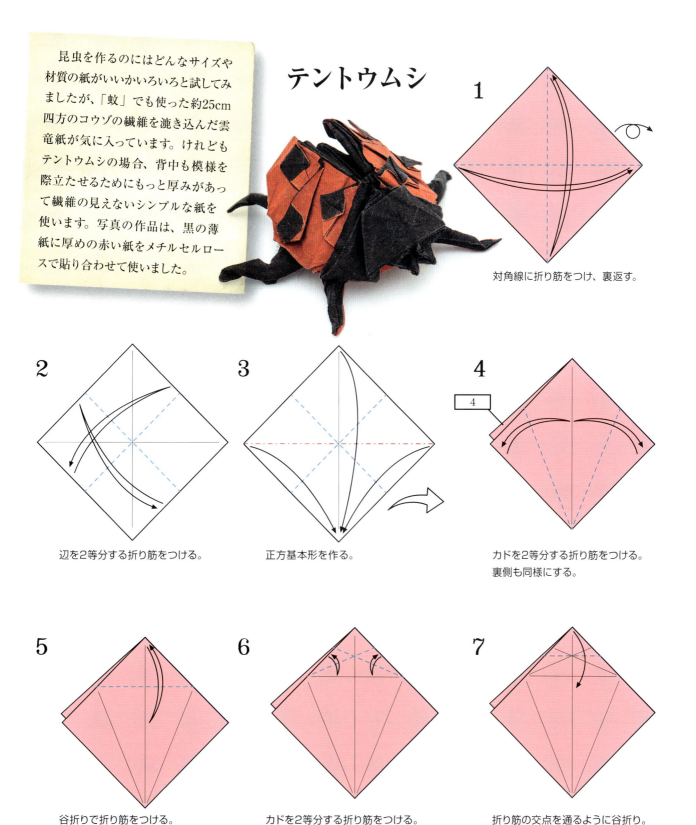

テントウムシ

昆虫を作るのにはどんなサイズや材質の紙がいいかいろいろと試してみましたが、「蚊」でも使った約25cm四方のコウゾの繊維を漉き込んだ雲竜紙が気に入っています。けれどもテントウムシの場合、背中も模様を際立たせるためにもっと厚みがあって繊維の見えないシンプルな紙を使います。写真の作品は、黒の薄紙に厚めの赤い紙をメチルセルロースで貼り合わせて使いました。

1　対角線に折り筋をつけ、裏返す。

2　辺を2等分する折り筋をつける。

3　正方基本形を作る。

4　カドを2等分する折り筋をつける。裏側も同様にする。

5　谷折りで折り筋をつける。

6　カドを2等分する折り筋をつける。

7　折り筋の交点を通るように谷折り。

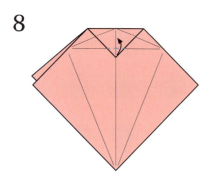
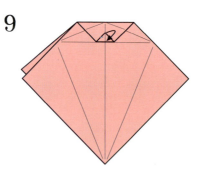
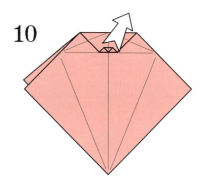

下を通る折り筋に合わせるように、カドを折り上げる。

カドが折り筋に合うように谷折り。

たたんだ部分を戻す。

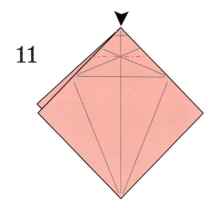
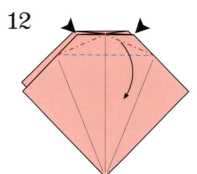
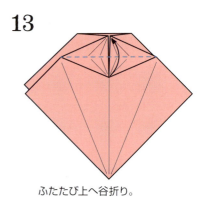

先端だけ折り上げるように、沈め折り。

谷折りして上部を開きながら、両サイドをつぶし折りにする。

ふたたび上へ谷折り。

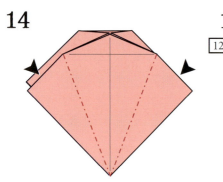
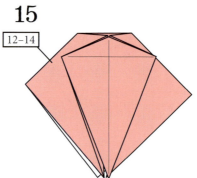
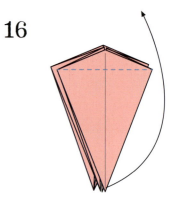

両サイドを中わり折り。

裏側も手順12〜14を行う。

1枚折り上げる。

56　世界のオリガミ・マスターズ BUGS

17

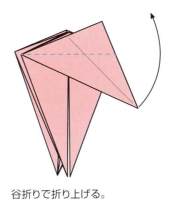

90度になるように谷折り。

18

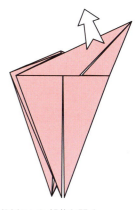

谷折りで折り上げる。

19

段折りした部分を開く。

20

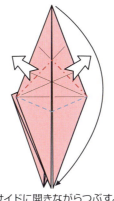

左右対称に手順17〜19を行う。

21

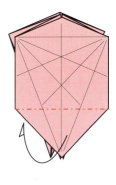

両サイドに開きながらつぶすように、上のカドを下のカドに合わせる。

22

山折りで裏へ。

23

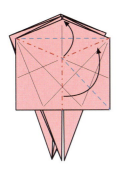

つまみ折り。

24

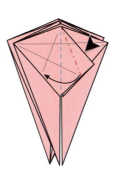

中央を袋折り。

25

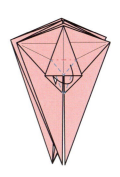

内側に向けて花弁折り。

テントウムシ

26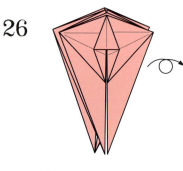
裏返す。

27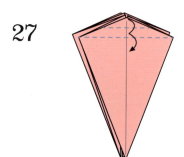
2回谷折り。

28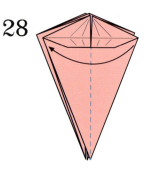
1枚左にめくる。

29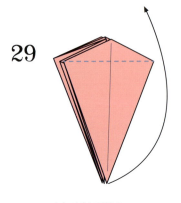
上に向けて開く。

30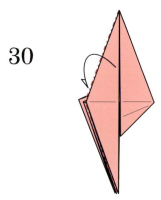
1枚はがして裏側へ回す。

31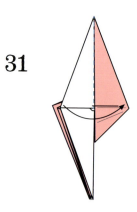
右に戻す。

32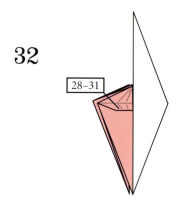
左側にも、左右対称に手順28〜31を行う。

33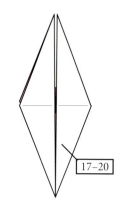
下半分にも手順17〜20を行い、折り筋をつける。

34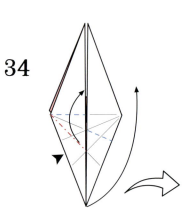
袋折り。

58　世界のオリガミ・マスターズ　BUGS

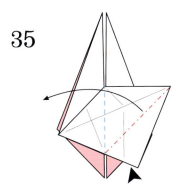
35 もう一度袋折り。

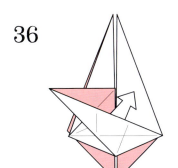
36 1枚引き出す。

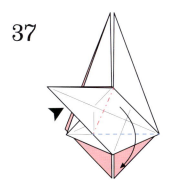
37 袋折り。

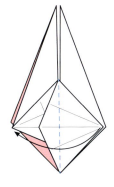
38 谷折りで左へ。

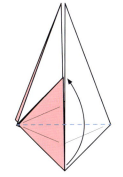
39 1枚折り上げる。

40 左のカドを上へ折り上げ、中央をつぶし折り。

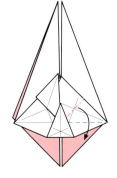
41 右横を引き寄せ折り。

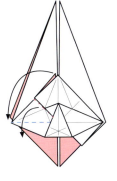
42 中のカドを引き出しながら、左の角に合わせる。

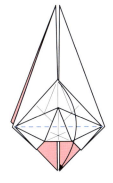
43 下に向けて谷折り。

44
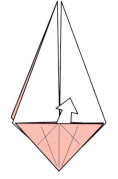
中のカドを引き上げる。

45
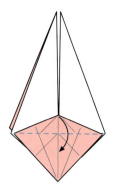
下へ谷折り。

46
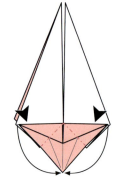
両サイドを中わり折り。

47
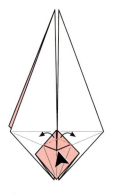
中央の合わせ目を開きながら、つぶし折り。

48
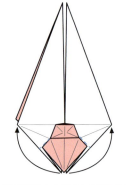
中に折り込んだ両サイドをふたたび開く。

49

谷折りで上へ。

50
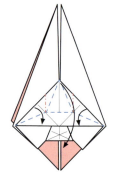
両サイドを内側へ折り込みながら、上のカドを下へ。

51

上へ谷折り。両サイドは引っ張られて外へ開く。

52

カドを小さく下へ折る。

53
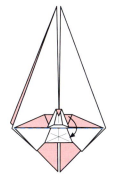
2枚下へ折る。

54

左右の上のカドを、それぞれ下のカドに合わせて谷折り。

55

左右の上のカドを下に向けて谷折り。

56
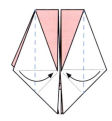
両サイドの上の1枚を、中心に向かって谷折り。

57

手順55、56を開く。

58
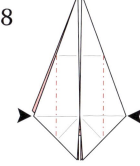
両サイドを開く沈め折りにする（三角形に沈める）。

59
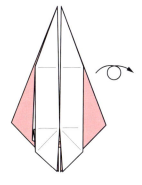
裏返す。

60
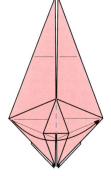
右に1枚めくる。

61
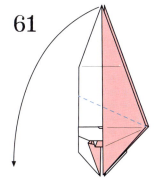
止まるところまで谷折りする。

62

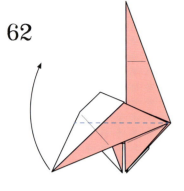

上に向けて谷折り。

63

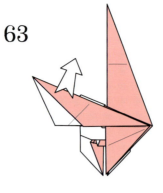

折りたたんだ部分を開く。

64

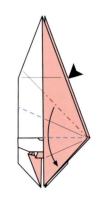

袋折り。

65

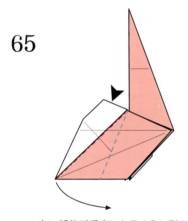

白い部分が垂直になるように引き寄せ折り。

66

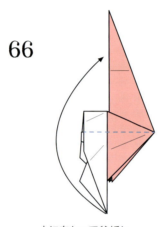

上に向かって谷折り。

67

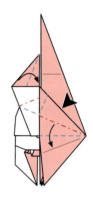

まず右側を袋折りしながら、紙が引っ張られるのに従って左側も袋折り。

68

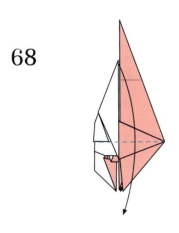

左側の上のカドを下へ折る。

69

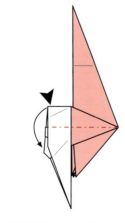

印の部分を中わり折り。

70

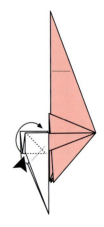

内側に折り込んだ部分を中わり折り。

71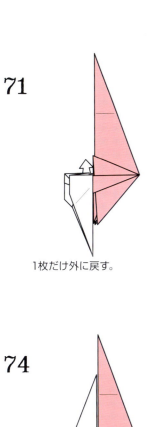
1枚だけ外に戻す。

72
ふたたび上に向かって開く。

73
分厚い部分を上に折る（右半分下に隠れている）。

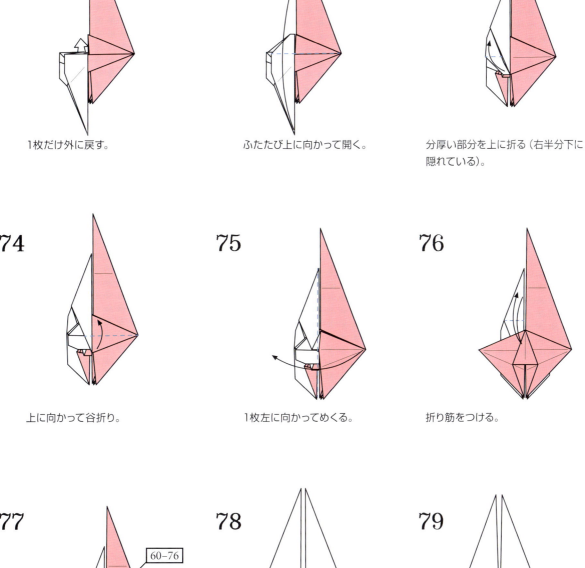

74
上に向かって谷折り。

75
1枚左に向かってめくる。

76
折り筋をつける。

77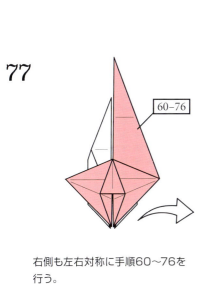
60–76
右側も左右対称に手順60〜76を行う。

78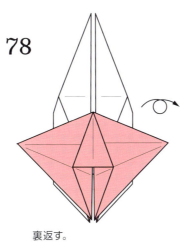
裏返す。

79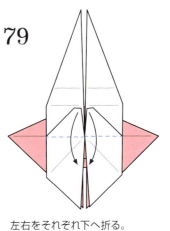
左右をそれぞれ下へ折る。

テントウムシ　63

80
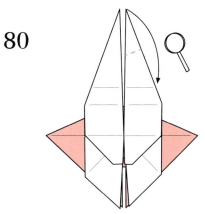

上のカドを、一番上の折り筋の右端と合わせて折る。

81
裏に向かって山折り。

82
谷折りする。

83

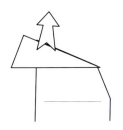
たたんだ部分を開く。

84
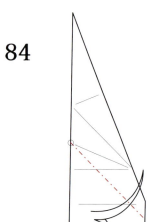
手順80の折り筋の端から、45度の折り筋をつける。

85
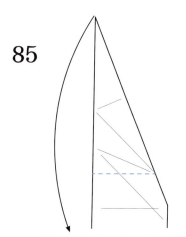
折り筋の交わる点に合わせて谷折りする。

86

折り筋に従って谷折り。

87
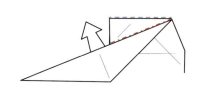
1枚引き出して平らに開く。

88
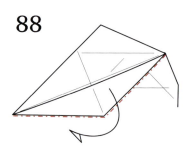
1枚はがして、反転させるように裏側へ折る。

89
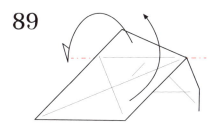
山折り線でひっくり返すように折り上げる。

90
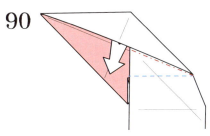
内側から1枚引き出し、下側の部分と合わせるように広げる。

91
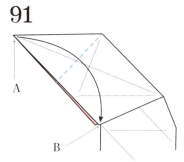
AをBに合わせて谷折りする。

92
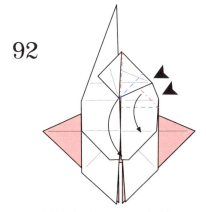
右横を広げるようにつぶし折り。A、Bの向かう部分は手順93の図の通り。

93
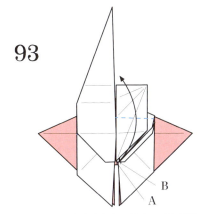
A、Bを止まるところまで上に折る。

94
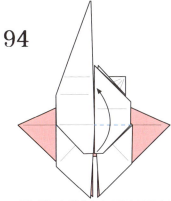
下に残った部分を止まるところまで上に折る。

95
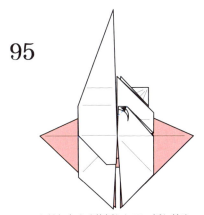
カドを小さく谷折りして、折り筋をつける。

96
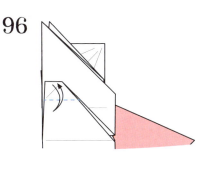
谷折りで折り筋をつける。

97
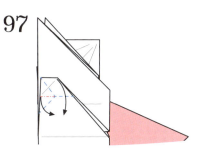
下に向かって折りながら、中わり折り。

98

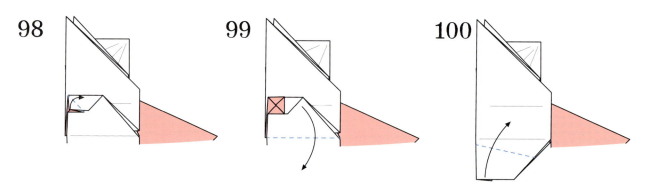

谷折りする。色つきの四角が現れる。

99

下に向かって谷折り。

100

上に向けて谷折り。位置は手順101の図のとおり。

101

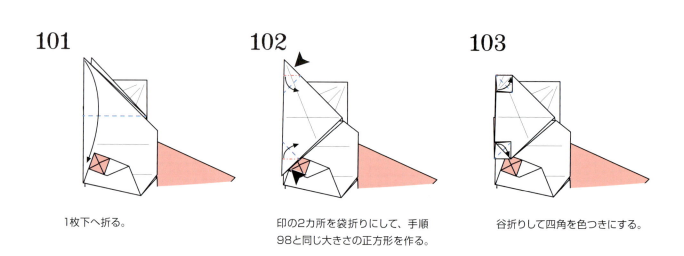

1枚下へ折る。

102

印の2カ所を袋折りにして、手順98と同じ大きさの正方形を作る。

103

谷折りして四角を色つきにする。

104

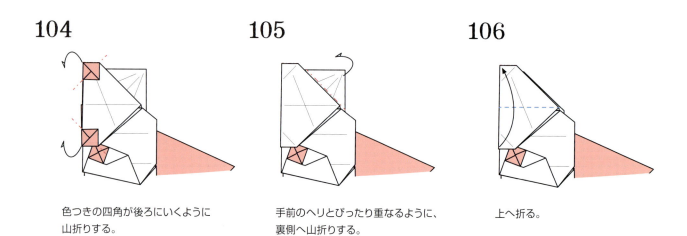

色つきの四角が後ろにいくように山折りする。

105

手前のヘリとぴったり重なるように、裏側へ山折りする。

106

上へ折る。

107

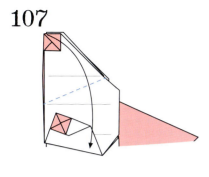

2枚合わせて手前に折る。

108

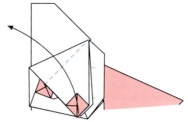

1枚だけ折り上げる。

109

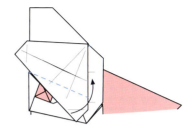

谷折りで上へ。

110

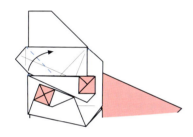

上の部分だけ折り返す。

111

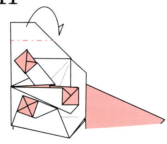

上部を山折りで裏側へ。

112

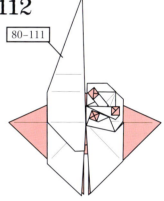

左側も左右対称に手順80〜111を行う。

113

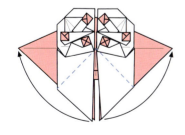

左右の下のカドを、それぞれ谷折りで両サイドへ。

114

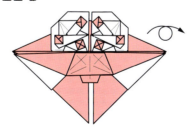

裏返す。

115

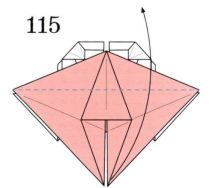

谷折りで上へ折り返す。

116
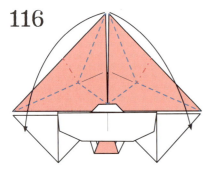
つまみ折りで両サイドに向かって開く。

117
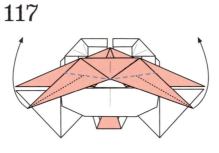
谷折りで上へ折り返す。

118
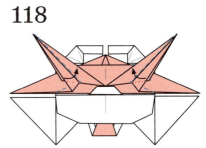
袋折りしながら、谷折りで半分にする。

119
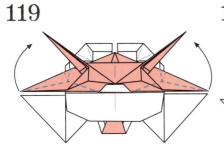
左右それぞれをつまみ折りで上方に。

120
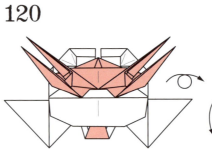
裏返す。

121
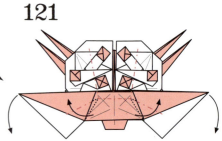
山折り線に従って、前脚と体全体を立体的に。

122
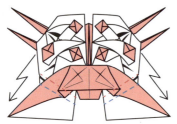
前脚を段折りして固定する。

123
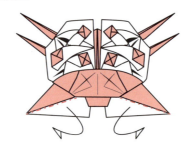
前脚の白い部分を裏側に向かって谷折りする。

124
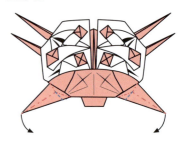
前脚をつまみ折りして体の前方へ。

68 　世界のオリガミ・マスターズ BUGS

125

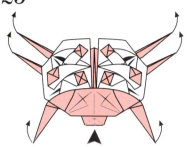

印の部分を中わり折りして頭を作る。体を丸くし、脚の形や位置を調整する。

テントウムシのできあがり

ダニエル・ロビンソン

ダニエル・ロビンソンはアメリカのニュージャージー州ペニントン在住の工業デザイナーで、折り紙歴は25年以上に及びます。作品は本や雑誌で発表されているほか、世界中の博物館や美術館に展示されています。

彼は創作のインスピレーションを自然の生き物から得ています。昆虫や動物の外観を忠実に写し取りながら鋭く本質をとらえた作品は、折り紙愛好者たちが楽しんで折れるものとなっています。

作品そのものより折る過程を楽しむというのが、彼の信念です。何の変哲もない1枚の紙がどんどん形を変えていくさまこそ、刺激的でワクワクする折り紙の醍醐味を味わわせてくれるからです。

コノハムシ

コノハムシ

この作品は、約25cm四方のハンドメイドの紙を使って折りました。アバカとコットンラグの繊維をブレンドして作られたものです。工夫したのは脚の細い棒状の部分と葉のように広がった部分の質感の変化を表現すること、それから本物らしく形を整える際に必要になる適度な紙の重なりが各部分に現れるようにしたことです。

面白い事実をお教えしましょう。ナナフシの1種であるこの虫は、仲間の擬態にだまされて共食いしてしまうことがあるそうですよ！

1

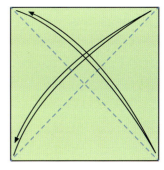

色つきの面を上にする。対角線の折り筋をつける。

2

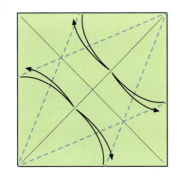

対角線をさらに2等分する折り筋をつける。

3

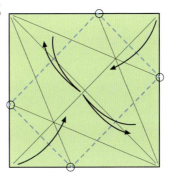

印をつけた点を結ぶ線を谷折りする。大きく折った部分2カ所は開く。

4

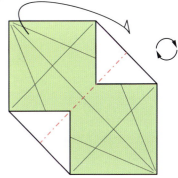

対角線の折り筋に従って、裏側へ山折りする。向きを変える。

5

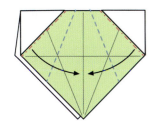

山折り線が中央で合うように段折りする。

6

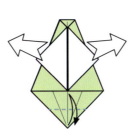

下のカドを折り上げ、折り筋をつける。すべて開く。

7

矢印に従って折り筋をつける。図に示した部分のみにすること。

コノハムシ 71

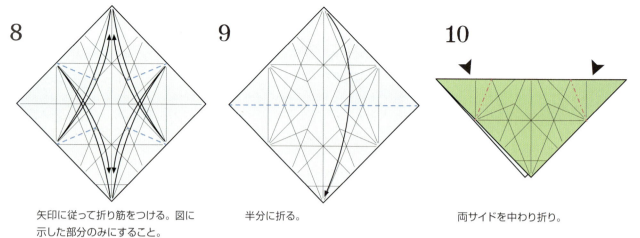

8 矢印に従って折り筋をつける。図に示した部分のみにすること。

9 半分に折る。

10 両サイドを中わり折り。

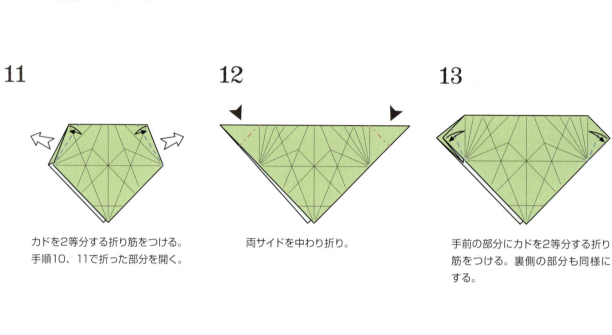

11 カドを2等分する折り筋をつける。手順10、11で折った部分を開く。

12 両サイドを中わり折り。

13 手前の部分にカドを2等分する折り筋をつける。裏側の部分も同様にする。

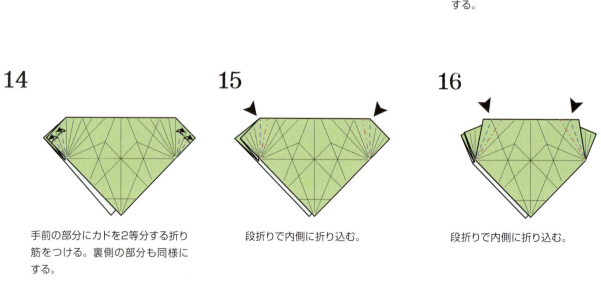

14 手前の部分にカドを2等分する折り筋をつける。裏側の部分も同様にする。

15 段折りで内側に折り込む。

16 段折りで内側に折り込む。

17

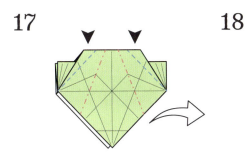

段折りで内側に折り込む。

18

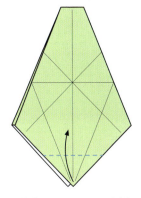

図を拡大する。下のカドを折り上げる。

19

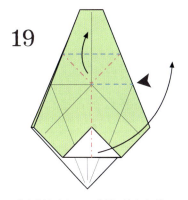

花弁折りをして、手前に持ち上がった部分を右に倒す。

20

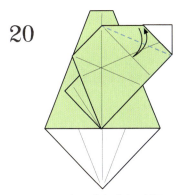

カドを結んだ折り筋をつける。

21

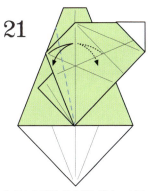

カドを2等分する折り筋をつける。右側も同様に行う。

22

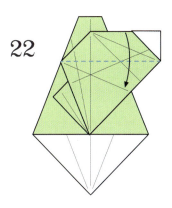

カドを結んだ線で下へ折る。

23

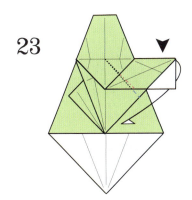

中わり折り。

24

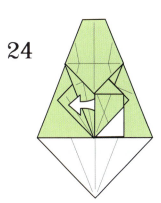

内側から紙を引き出す。

25

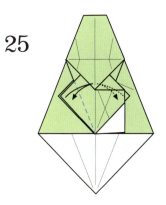

カドを2等分する折り筋をつける。右側も同様に行う。

コノハムシ 73

26

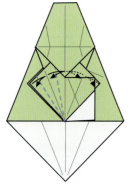

カドを2等分する折り筋をつける。右側も同様に行う。

27

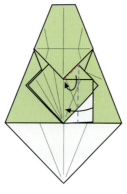

上部を内側に折り込みながら、半分に折る。

28

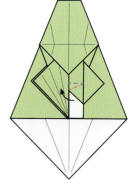

紙のフチが中心線に重なるよう引き寄せ折り(手順20の折り筋を使う)。

29

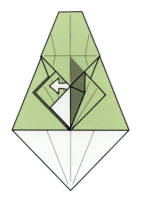

影の部分を中から引き出す。

30

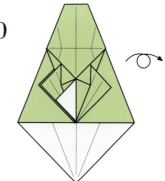

裏返す。

31

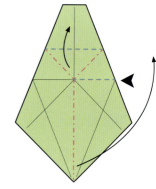

花弁折り。持ち上がった部分は右へ倒す。

32

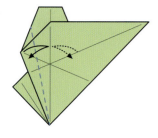

カドを2等分する折り筋をつける。右側も同様に行う。

33

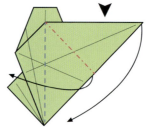

袋折り。

34

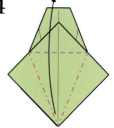

花弁折り。

35

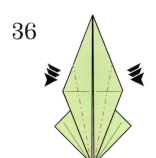

カドを2等分する折り筋をつける。

36

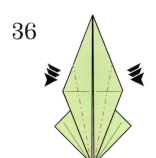

手順21、32、35の折り筋に従って開く沈め折り。左右3カ所ずつ行う。

37

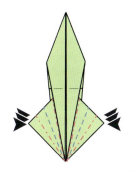

手順13〜14、25〜26の折り筋に従って、蛇腹のように内側に折り込む。左右3カ所ずつ行う。

38

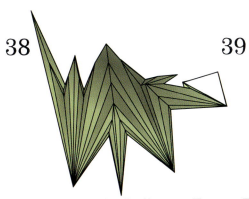

横から見た図。先へ進む前に、この図のとおりになっているか確認すること。

39

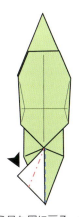

正面から見た図に戻る。袋折り。

40

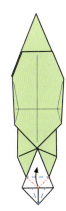

花弁折り。

41

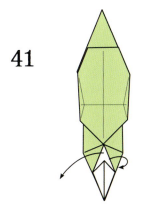

1枚はがして開き、左に倒す。

42

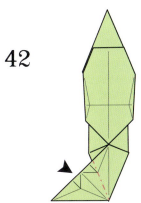

中わり折り。

43

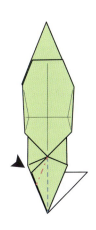

袋折り。

コノハムシ 75

44
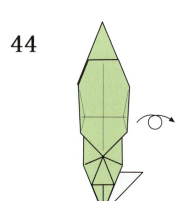
裏返す。

45

下のカドを図の部分まで折り上げる。平らにはならない。

46
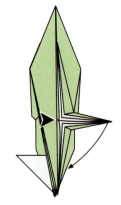
真ん中の層を押さえてから、先端を下ろして平らに戻す。

47
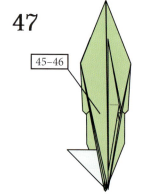
45–46

左側も左右対称に手順45〜46を行う。

48
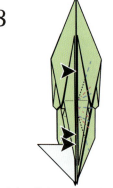
3本の脚をそれぞれ左右均等に層が分かれるように袋折り。

49
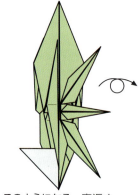
このようになる。裏返す。

50
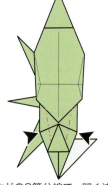
カドの2等分線で、開く沈め折り。

51
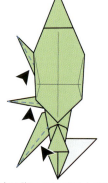
3本の脚のそれぞれ上の1枚について、下の1/3を谷折りで折り返す（脚の中央に筋が出来る）。

52
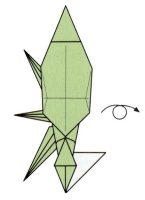
裏返す。

76　世界のオリガミ・マスターズ　BUGS

53

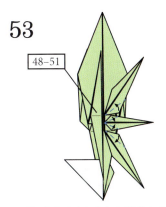

見下ろしたときに3本の脚がすべて左右対象に見えるよう、図のカドを折る。左側も左右対称に手順48〜51を行い残り3本の脚を作る。それらも同様にカドを折る。

54

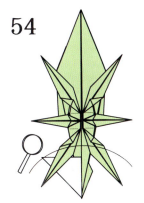

頭になる部分だけ拡大する。

55

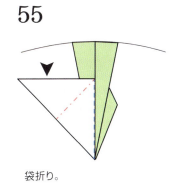

袋折り。

56

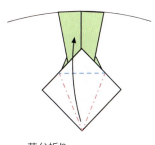

花弁折り。

57

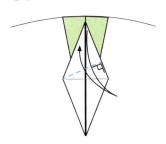

図の角度の折り筋をつける。

58

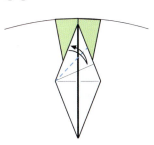

カドを2等分する折り筋をつける。

59

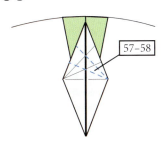

左右対称に手順57〜58を行う。

60

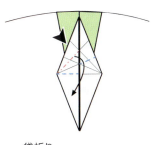

袋折り。

61

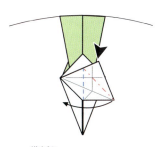

袋折り。

コノハムシ　77

62

中から紙を引き出す。

63

引き下ろして開く。

64
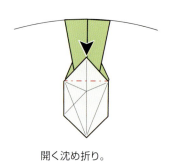
開く沈め折り。

65

カドを交点に合わせて折る。

66

折り筋に従ってつまみ折り。

67
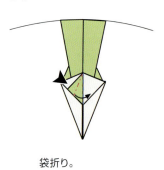
袋折り。

68
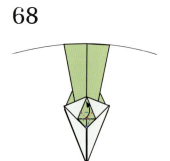
小さな花弁折り。

69
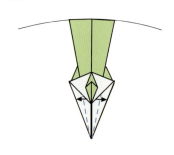
白い部分が見えなくなるように、外へ折る。

70

中わり折り。

71
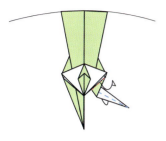
引き寄せ折り。裏側も同様に。

72
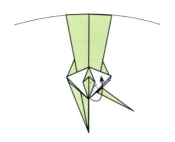
つまみ折りをして顎を作る。

73
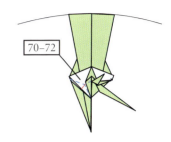
左側も左右対称に手順70〜72を行う。

74
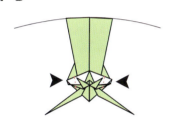
両サイドを中に折る。

75

全体図に戻る。裏のパーツと離して腹部だけ引き下ろす。

76
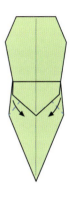
腹部だけを表示。中わり折り。

77
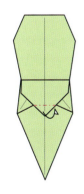
先端を裏へ折り込む。

78
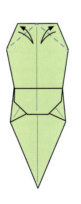
カドに折り筋をつける。

79

中わり折りをしながら、ヘリを中心線に合わせる。

コノハムシ 79

80

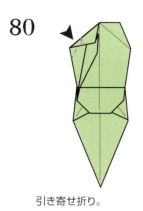

引き寄せ折り。

81

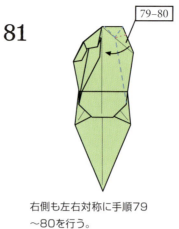

右側も左右対称に手順79〜80を行う。

82

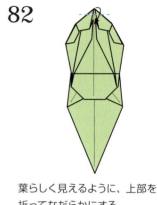

葉らしく見えるように、上部を折ってなだらかにする。

83

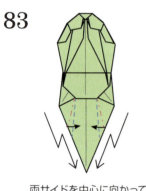

両サイドを中心に向かって段折り。

84

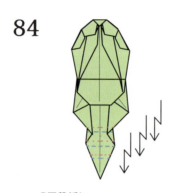

3回段折り。

85

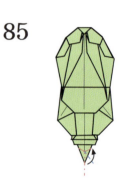

つまみ折りをして先端を丸くする。引き下ろした腹部を上に上げ、元の位置に戻す。

86

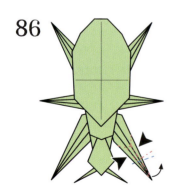

脚を細くする。小さく段折りして脚先を作る。

87

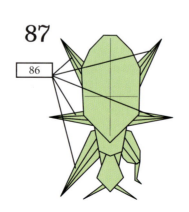

残りの脚も手順86を行う。

88

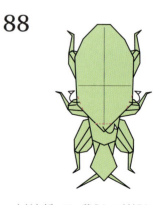

カドを折って、葉らしい外観を整える。

89
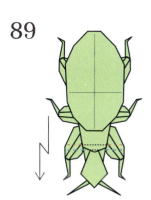

頭部のすぐ上を段折りする。

90
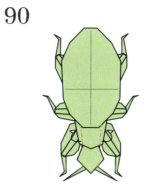

胸部を立体的に整える。

91
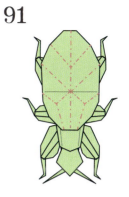

つまんで線をつけ、葉脈らしくする。

コノハムシのできあがり

オオミズアオ
（ルナモス）

ジェイソン・クー

サイカブトムシ

　ジェイソン・クーは5歳で折り紙を始めました。オリジナルの作品を作るようになったのは、高校生になってからです。
　2005年に吉野一生基金の招待を受け、日本折紙学会が東京で毎年行う折紙探偵団コンベンションで講習及び制作の実演を行いました。その後はマサチューセッツ工科大学で機械工学の学位を2つ取得するとともに、同大学のオリガミクラブOrigaMITの部長として活躍しています。
　OrigamiUSAの評議員で、ボランティアで同団体のオンラインマガジン"The Fold"の編集にも携わっています。

サイカブトムシ

角のあるカブトムシの中で最も一般的な形態を選び、折り層を均等に配分しながら明確で立体的な形作りを目指しました。様々な種類や厚さの紙で折れますが、あまり分厚いものは避けたほうがいいと思います。折り上げる過程でしっかりとまとまるようになっているので、糊付けや特別な加工は必要ありません。約25cm四方の紙を使うと、10cmほどの作品に仕上がります。

1

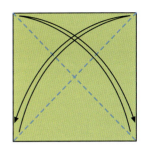

色つきの面を上にして置く。対角線に折り筋をつける。

2

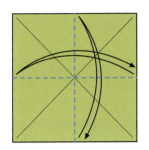

辺を2等分する折り筋をつける。

3

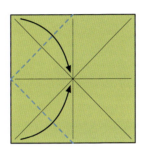

カドを中心に合わせて谷折り。

4

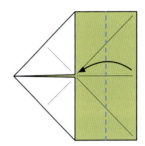

中心線に向かって谷折り。

5

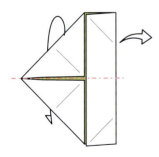

山折りして半分に。

6

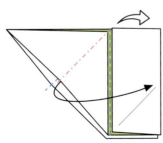

拡大する。袋折り。

7

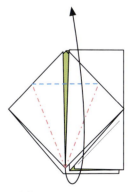

花弁折り。

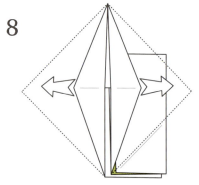

8 後ろから紙を引き出して広げる。

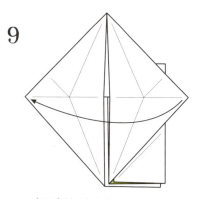

9 左に向けてたたむ。

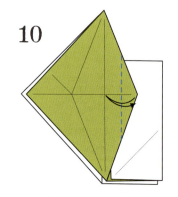

10 カドを中心に合わせて折り筋をつける。

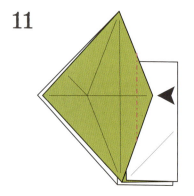

11 開く沈め折り。

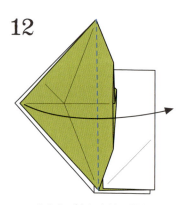

12 ふたたび右に向けて開く。

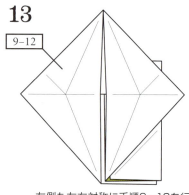

13 左側も左右対称に手順9〜12を行う。

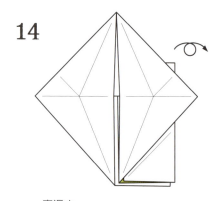

14 裏返す。

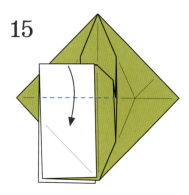

15 下に折る。

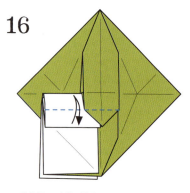

16 谷折りで折り筋をつける。

17
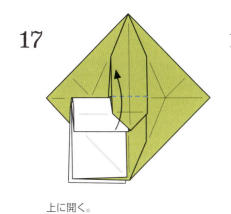
上に開く。

18

開く沈め折り。

19
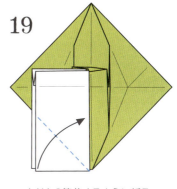
カドを2等分するように折る。

20
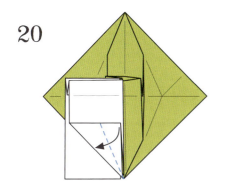
カドを2等分するように折る。

21
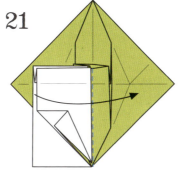
2枚とも右にめくる。

22
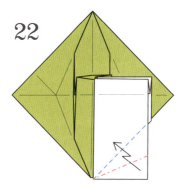
段折りする。

23
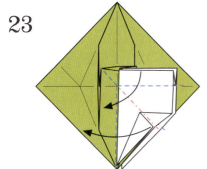
左に向けて袋折り。

24
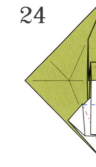
花弁折り。

25
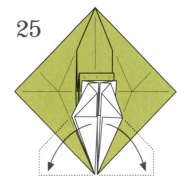
袋折りしながら両サイドに向けて開く。

26

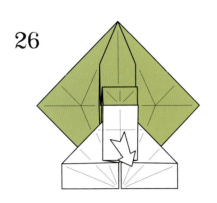

1枚はがして、反転させるように広げる。

27

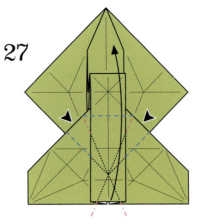

花弁折り。

28

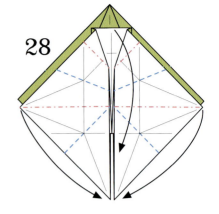

折り線に従ってたたむ。

29

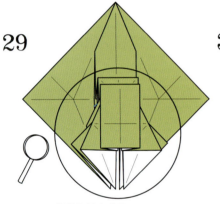

円の部分を拡大する。

30

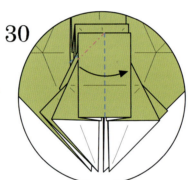

袋折り。

31

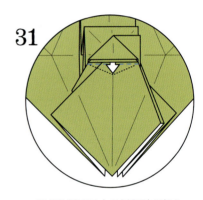

図の位置まで中の紙を引き出す。

32

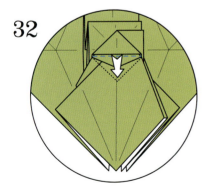

図の位置まで中の紙を引き出す。

33

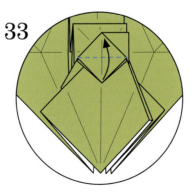

上へ谷折り。

34

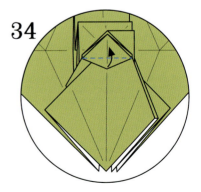

上へ谷折り。

35 開く沈め折り。

36 谷折りで左へ。

37 折り筋をつける。

38 中わり折り。

39 袋折り。

40 谷折りで下へ。

41 内側に折り込むように中わり折り。

42 引き寄せ折り。

43 左のヘリが垂直になるように、内側から紙を引き出す。

サイカブトムシ 87

44

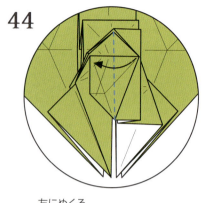

左にめくる。

45

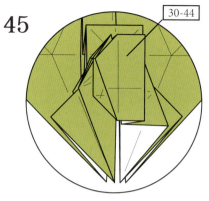

右側も左右対称に手順30〜44を行う。

46

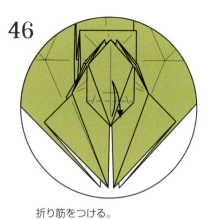

折り筋をつける。

47

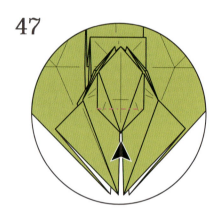

開く沈め折り。

48

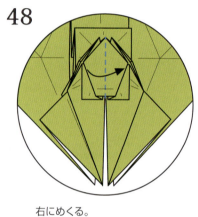

右にめくる。

49

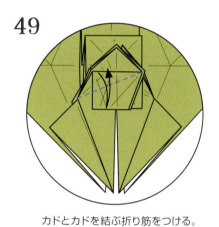

カドとカドを結ぶ折り筋をつける。

50

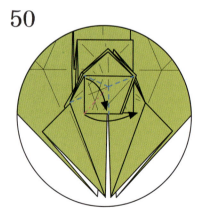

袋折り。

51

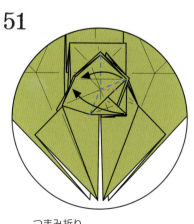

つまみ折り。

52

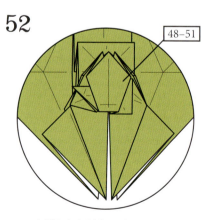

右側も左右対称に手順48〜51を行う。

53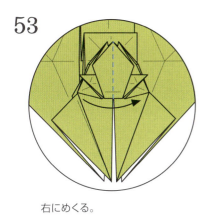
右にめくる。

54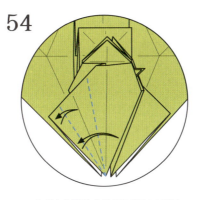
カドを2等分する折り筋をつける。

55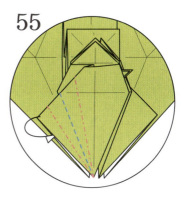
蛇腹のように中へ折り込む。

56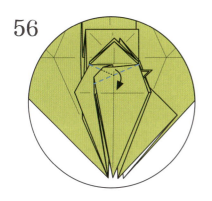
谷折りで下にめくる。

57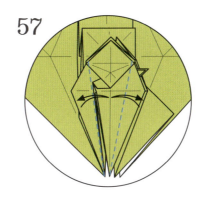
両サイドに折り筋をつける。

58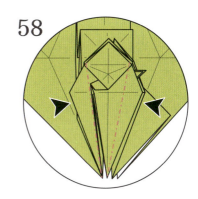
閉じた沈め折り。

59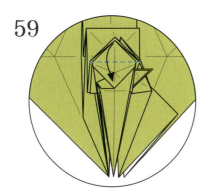
下へ谷折り。

60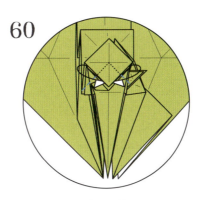
両サイドを中わり折り。

61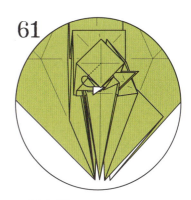
中わり折り。

サイカブトムシ

62
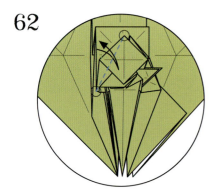
印のカドを結ぶ折り筋をつける。

63
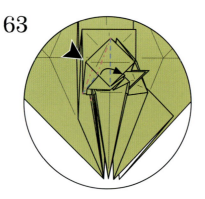
つぶし折り。

64
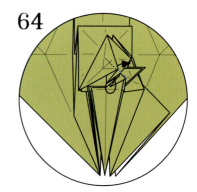
中わり折り。

65
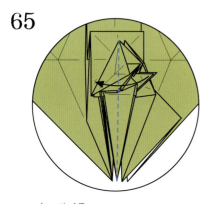
左へめくる。

66
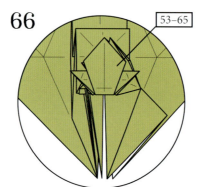
右側も左右対称に手順53〜65を行う。

67
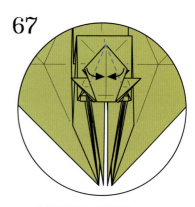
中心線に向かって谷折り。

68
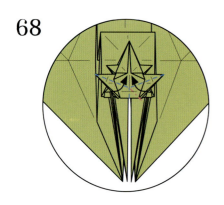
つまみ折り。

69
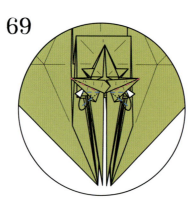
両サイドを中わり折り。

70
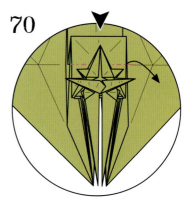
印の部分を手前に引き出し、内側に折り込みながら戻す。

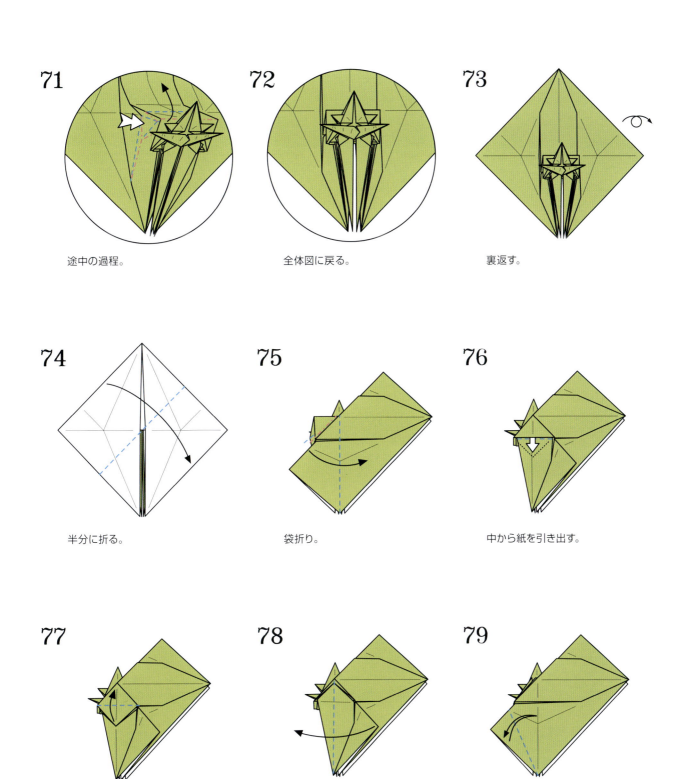

71 途中の過程。

72 全体図に戻る。

73 裏返す。

74 半分に折る。

75 袋折り。

76 中から紙を引き出す。

77 上へ折る。

78 左にめくる。

79 カドを2等分する折り筋をつける。

サイカブトムシ　91

80

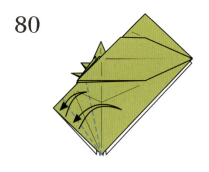

それぞれカドを2等分する折り筋をつける。

81

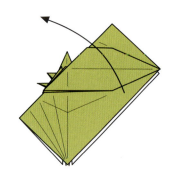

開く。

82

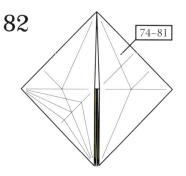

右側も左右対称に手順74〜81を行う。

83

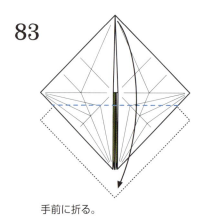

手前に折る。

84

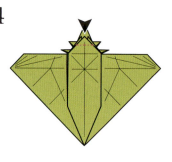

開く沈め折り。

85

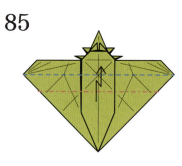

段折り。

86

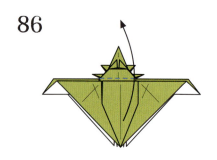

開く。

87

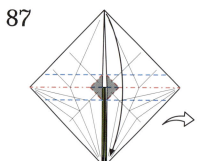

中心部の紙を押し出しながら、もう一度2つに折りたたむ。

88

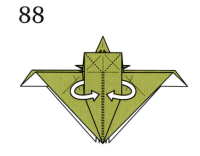

後ろから紙を引き出し、反転させるように手前に回す。

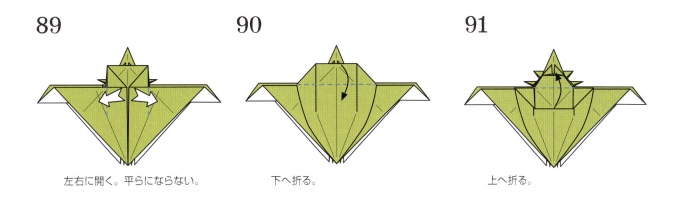

89 左右に開く。平らにならない。
90 下へ折る。
91 上へ折る。

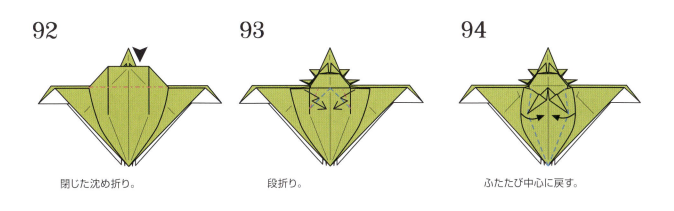

92 閉じた沈め折り。
93 段折り。
94 ふたたび中心に戻す。

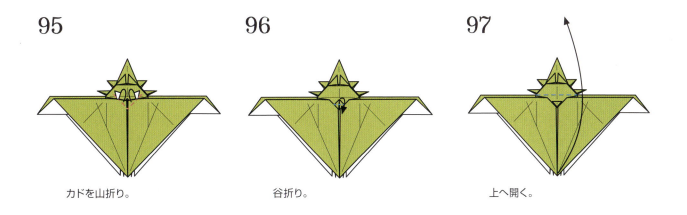

95 カドを山折り。
96 谷折り。
97 上へ開く。

サイカブトムシ　93

98

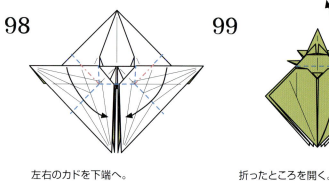

左右のカドを下端へ。

99

折ったところを開く。

100

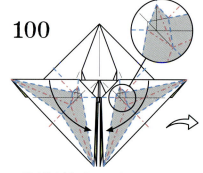

開く沈め折りをしながら、もう一度手順98を折る。

101

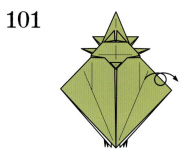

裏返す。

102

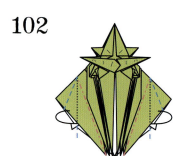

両サイドを中わり折り。

103

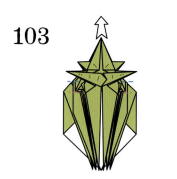

頭になる部分と前脚2組を引き上げる。

104

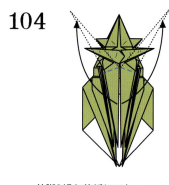

前脚1組を谷折りで上へ。

105

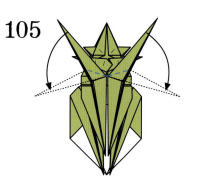

折り上げた脚を谷折りで横へ。

106

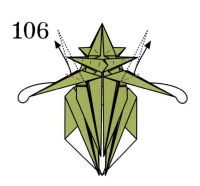

脚を中わり折り。

107
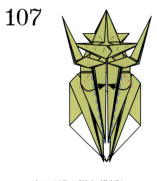
次の1組の脚を袋折り。

108
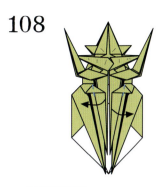
左右に谷折り。

109

左右の脚を閉じた沈め折り。

110
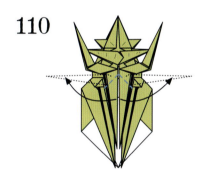
谷折りで脚を横方向へ。

111
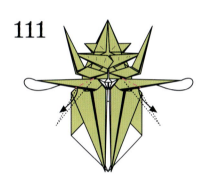
中わり折りで斜め下へ。

112
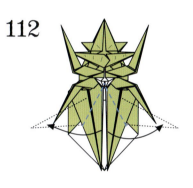
谷折りで次の1組を両サイドへ。

113
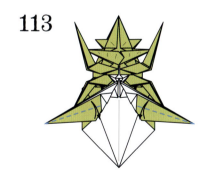
半分にする折り筋をつける。

114
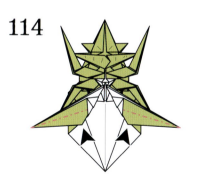
両脚を閉じた沈め折りにする。

115
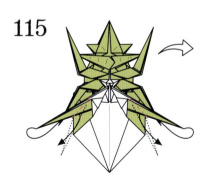
中わり折りで斜め下へ。

サイカブトムシ　95

116
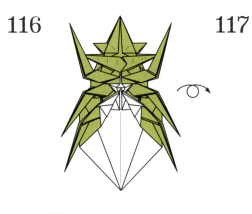
裏返す。

117
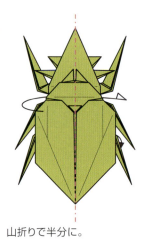
山折りで半分に。

118
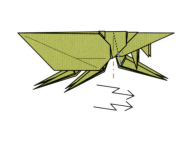
胸部を段折り。

119
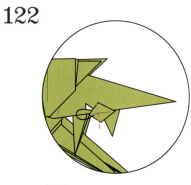
円の部分を拡大する。

120
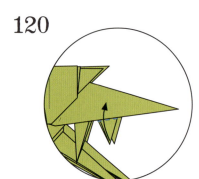
上に折り上げる。

121
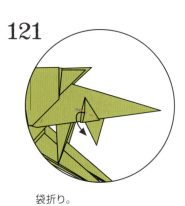
袋折り。

122

山折り。

123
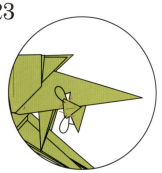
カドを山折りで裏側へ。

124
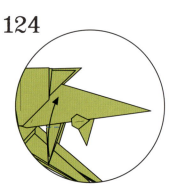
谷折りで上へ。

125

袋折り。

126
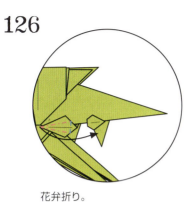
花弁折り。

127
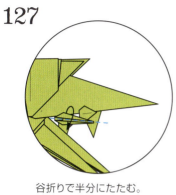
谷折りで半分にたたむ。

128
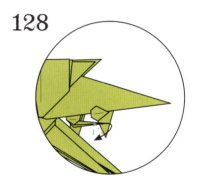
先端を袋折り。

129
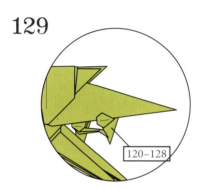
裏側も左右対称に手順120〜128を行う。

130
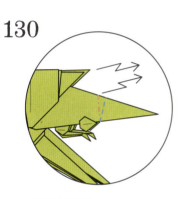
両側を段折り。

131
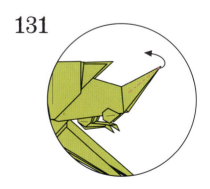
ツノをつまみ、上方向へカーブさせる。

132
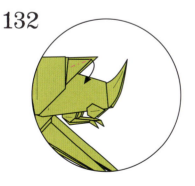
2本のツノを、それぞれつまんで下方向へカーブさせる。

133
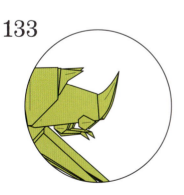
頭部のできあがり図。

サイカブトムシ

8

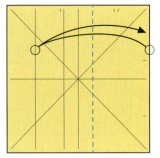

右サイドと折り筋を合わせて、折り筋をつける。

9

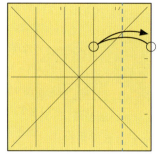

右サイドを手順8の折り筋に合わせて、折り筋をつける。

10

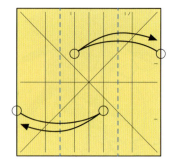

両サイドをそれぞれ図で示した折り筋に合わせて、折り筋をつける。

11

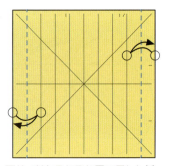

両サイドをそれぞれ図で示した折り筋に合わせて、折り筋をつける。

12

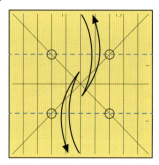

図の交点を通る折り筋をつける。

13

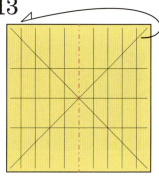

山折りで半分に。

14

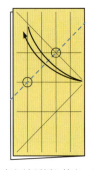

図の交点を結ぶ折り筋をつける。

15

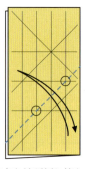

図の交点を結ぶ折り筋をつける。

16

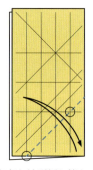

図の交点を結ぶ折り筋をつける。

17

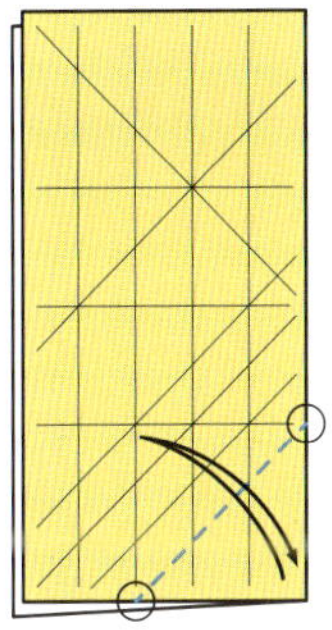

図の交点を結ぶ折り筋をつける。

18

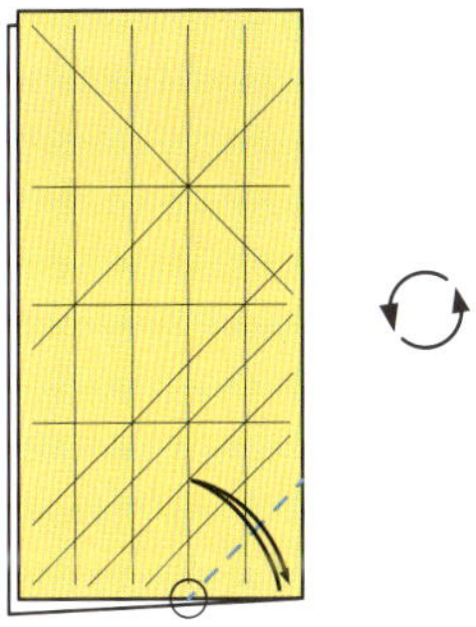

図の点から、手順14〜17の折り筋と平行な折り筋をつける。

19

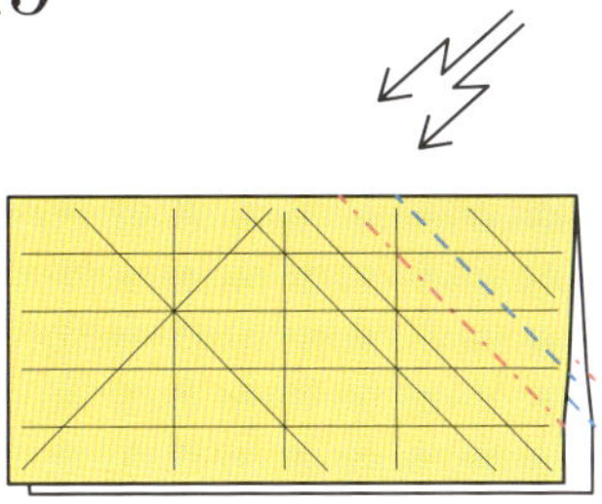

両側を段折り。

20

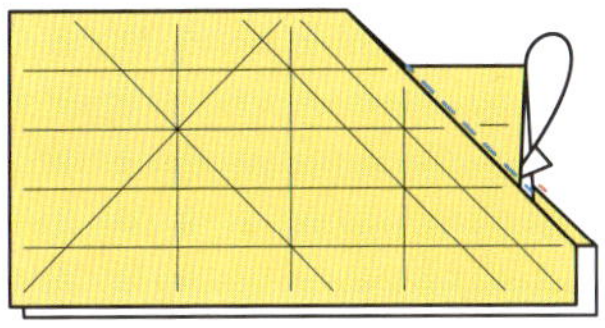

中わり折り。

21

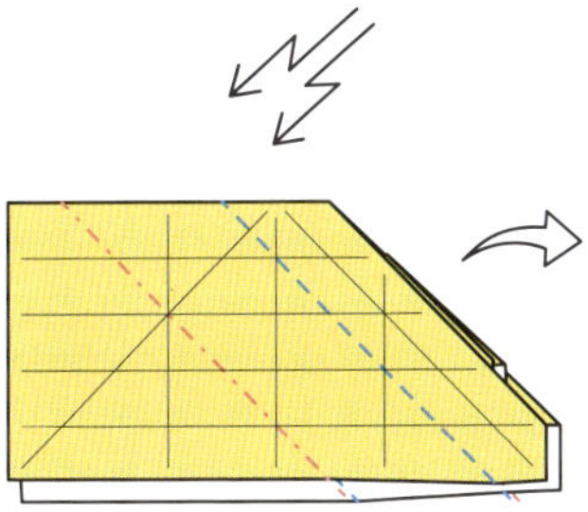

両側を段折り。

22

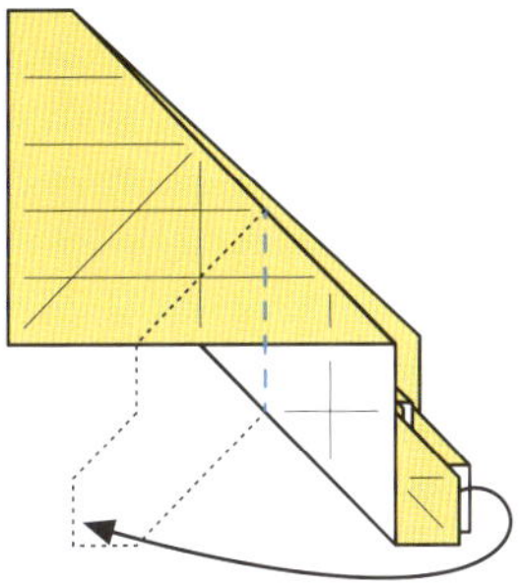

上の1枚を谷折りで開く。

23

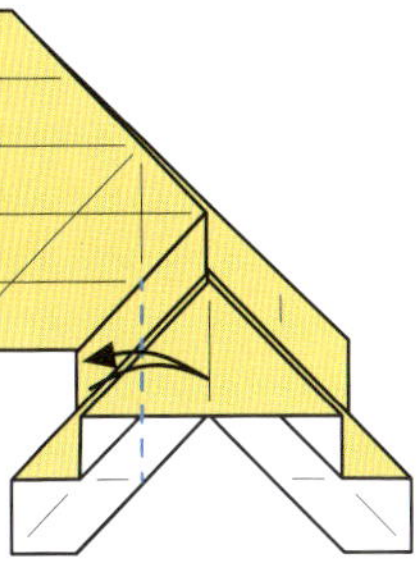

折り筋をつける。

24

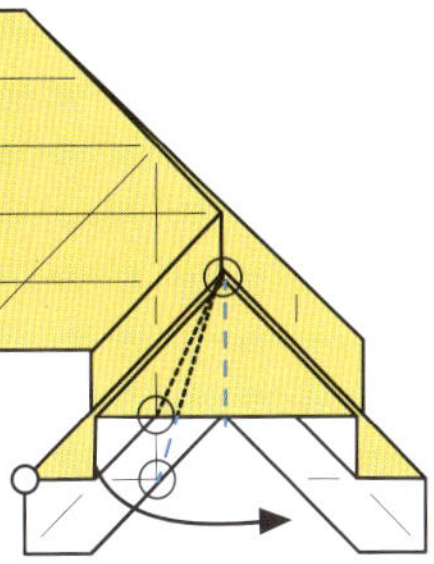

左右対称に袋折り。平らにはならない。

25

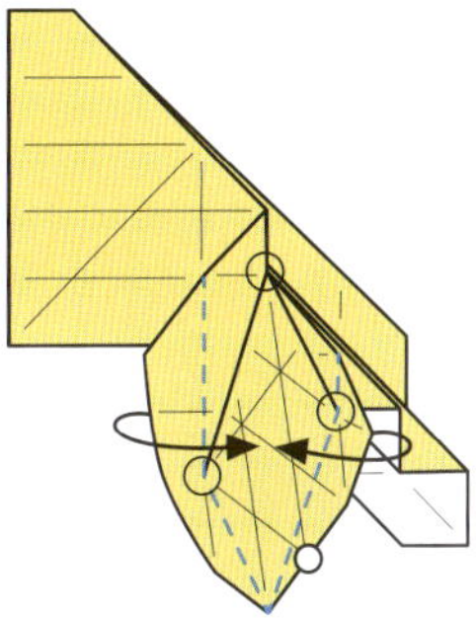

左右を谷折りで中央へ。

オオミズアオ（ルナモス）

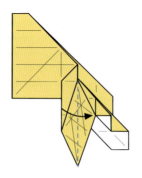
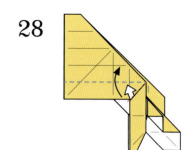

26 左右に開き、反転させるように裏側へ。

27 谷折り。

28 内側に折り込まれた部分を引き出しながら、上へ折る。

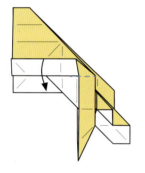
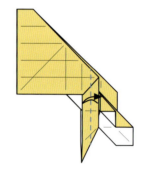
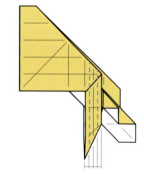

29 下に折る。

30 折り筋をつける。

31 4等分する折り筋をつける。

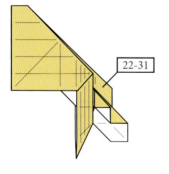
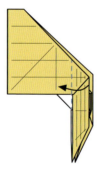
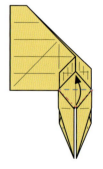

32 裏側も左右対称に手順22〜31を行う。

33 左へ開く。

34 内側に入った部分を引き出しながら谷折り。

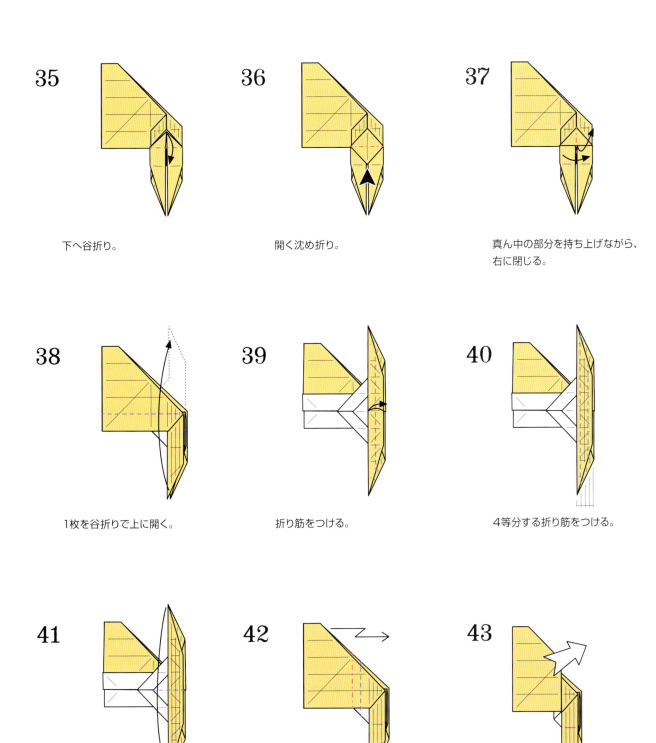

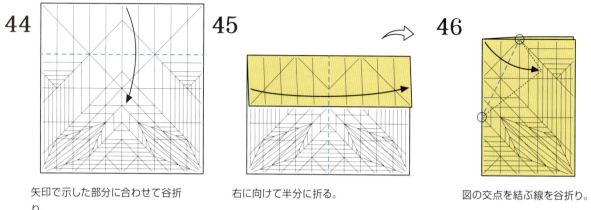

44 矢印で示した部分に合わせて谷折り。

45 右に向けて半分に折る。

46 図の交点を結ぶ線を谷折り。

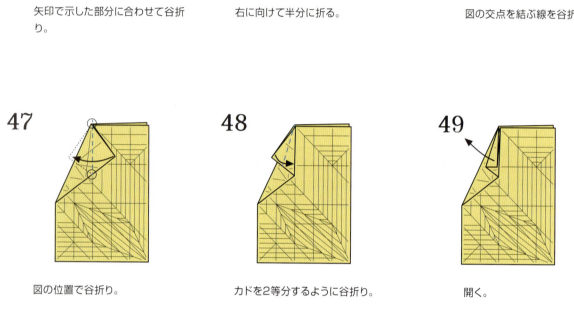

47 図の位置で谷折り。

48 カドを2等分するように谷折り。

49 開く。

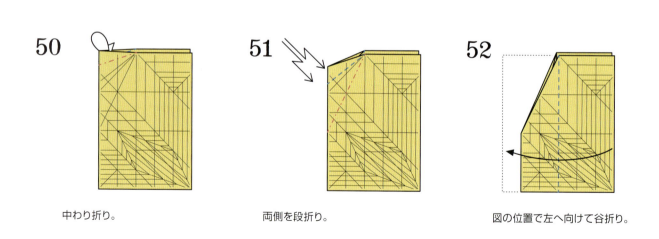

50 中わり折り。

51 両側を段折り。

52 図の位置で左へ向けて谷折り。

53

折り込まれた部分を引き出す。

54

折り込まれた部分を引き出す。

55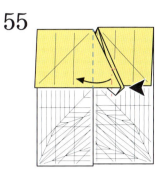

左に向かって開きながらつぶす。

56

左に向かって開きながらつぶす。

57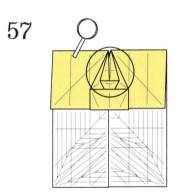

円の部分を拡大。

58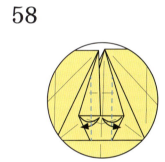

カドを中心に合わせて折り筋をつける。

59

花弁折り。

60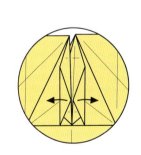

開く。

61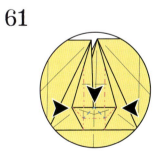

開く沈め折り。

オオミズアオ（ルナモス）

62

全体図に戻る。

63
裏返す。

64
左に開いてつぶす。

65
左に開いてつぶす。

66
内側の紙を引き出す。

67
折り筋に従って袋折り。

68
下に向かって谷折り。

69
両サイドを押し込みながら、風船の基本形に。

70
下辺を持ち上げながら袋折りにする。

106　世界のオリガミ・マスターズ　BUGS

71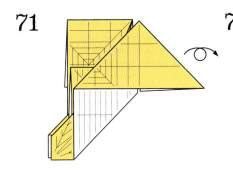
裏返す。

72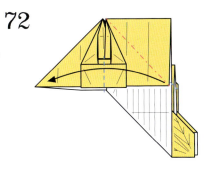
左に向かって袋折り。

73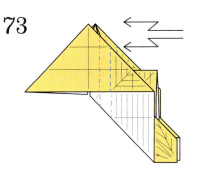
表と裏を段折りしながら、内側に折り込む。

74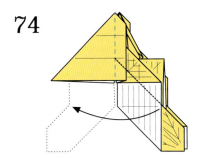
袋折り。

75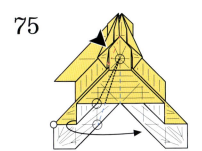
袋折りしながら上部を広げてつぶす。平らにはならない。

76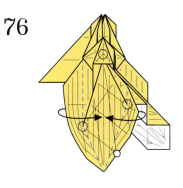
両サイドを谷折りで中央へ。

77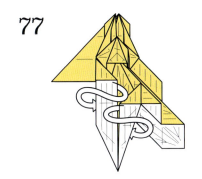
左右に開いて裏側へ。

78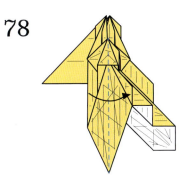
右へたたむ。

79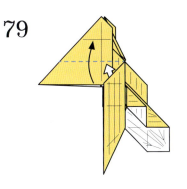
内側の紙を引き出しながら、上へ谷折り。左側は平らにならない。

オオミズアオ（ルナモス）

80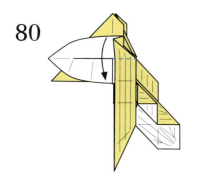
谷折りでふたたびたたむ。

81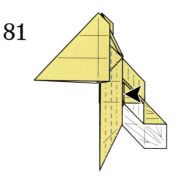
山折りと谷折りを繰り返しながら、内側に折り込む。

82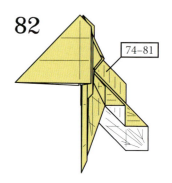
裏側も左右対称に手順74〜81を行う。

83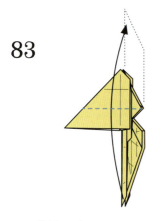
谷折りで上へ開く。左側は平らにならない。

84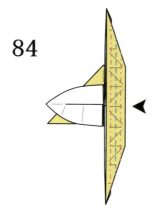
山折りと谷折りを繰り返しながら、内側へ押し込む。

85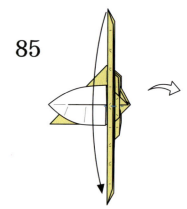
谷折りで閉じる。

86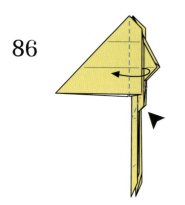
開いてつぶす。平らにはならない。

87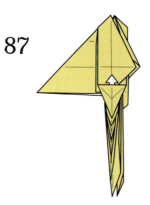
中から紙を引き出す。

88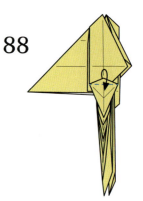
手前に折る。

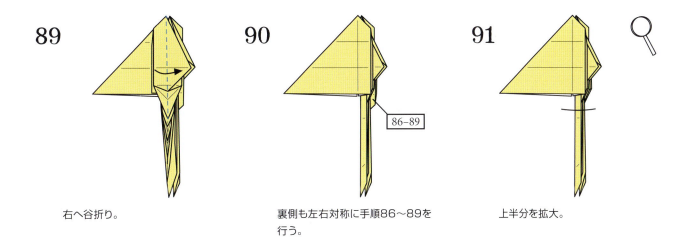

89 右へ谷折り。

90 裏側も左右対称に手順86〜89を行う。

91 上半分を拡大。

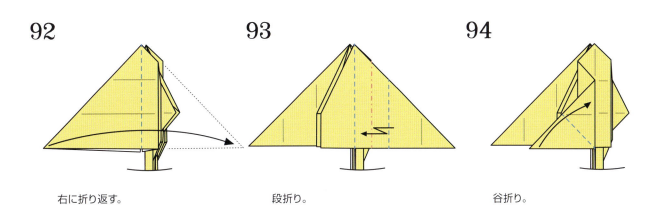

92 右に折り返す。

93 段折り。

94 谷折り。

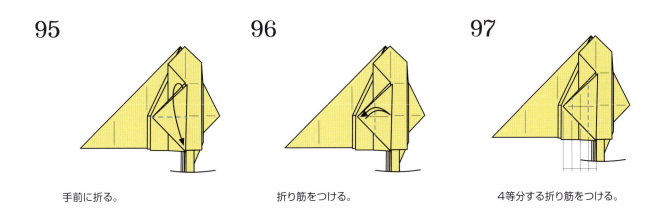

95 手前に折る。

96 折り筋をつける。

97 4等分する折り筋をつける。

オオミズアオ（ルナモス） 109

98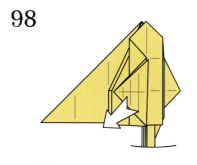
開く。

99
両側を段折り。

100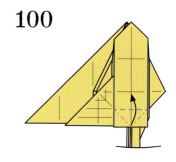
花弁折り。

101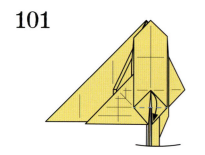
下へ折る。

102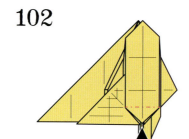
開く沈め折り。

103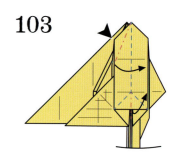
右にめくりながらつぶす。

104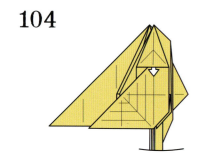
内側から紙を引き出す。

105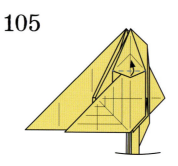
上に向かって谷折り。

106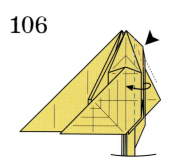
左にめくりながらつぶす。

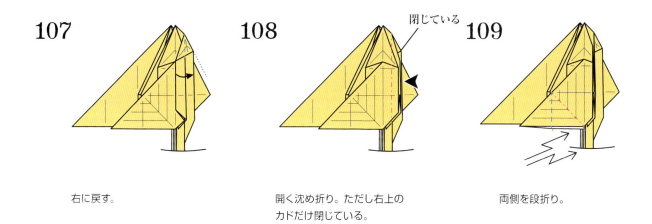

107 右に戻す。

108 開く沈め折り。ただし右上のカドだけ閉じている。

109 両側を段折り。

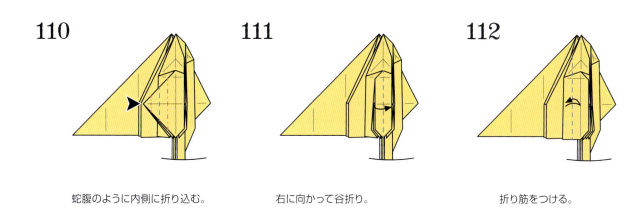

110 蛇腹のように内側に折り込む。

111 右に向かって谷折り。

112 折り筋をつける。

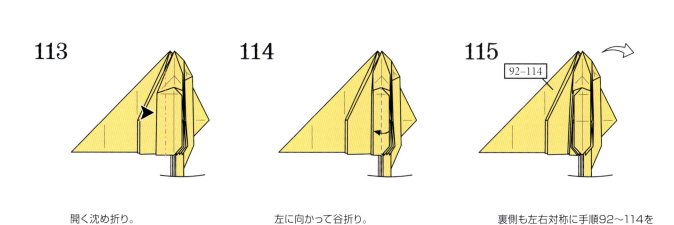

113 開く沈め折り。

114 左に向かって谷折り。

115 裏側も左右対称に手順92〜114を行う。

116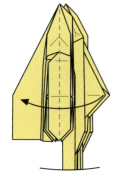
内側の部分を袋折りにしながら、左にめくる。

117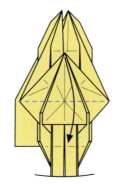
手前に折る。

118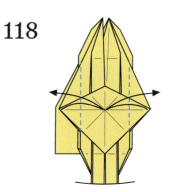
両サイドを中心に合わせて折り筋をつける。

119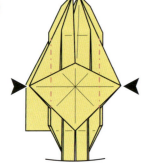
開く沈め折り。

120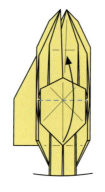
上に開く。

121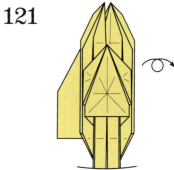
裏返す。

122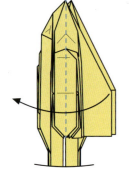
左にめくる。

123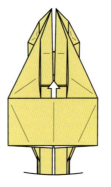
内側から紙を引き出す。

124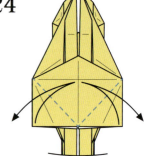
折り筋をつける。

125
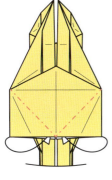
中わり折り。

126
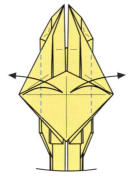
両サイドを中心に合わせて折り筋をつける。

127
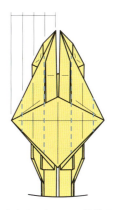
左右をそれぞれ4等分する折り筋をつける。

128
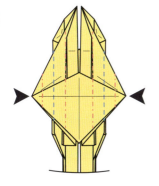
両サイドを蛇腹のように内側に折り込む。

129
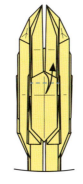
折り筋をつける。

130

内側の紙を引き出しながら段折り。

131
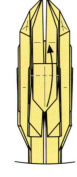
上に向かって開く。

132
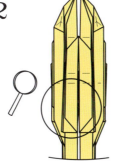
円の部分を拡大する。

133
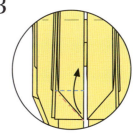
袋折り。

オオミズアオ（ルナモス） 113

134

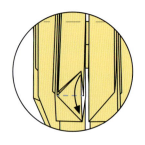

手前に折る。

135

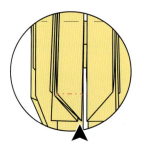

開く沈め折り。

136

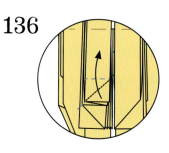

袋折り。

137

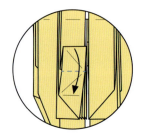

手前に折る。

138

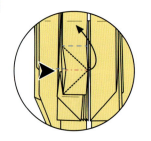

内側の部分を押し込みながら段折り。

139

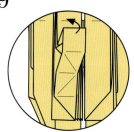

途中の過程。

140

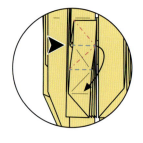

印の場所で紙を押し込みながら段折り。

141

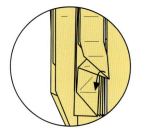

途中の過程。

142

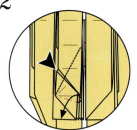

開いて引き寄せ折り。

143

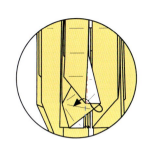
144

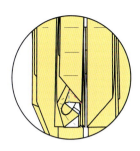
145

途中の過程。

中わり折り。

中わり折り。

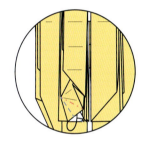
146

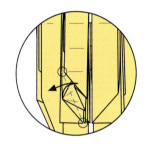
147

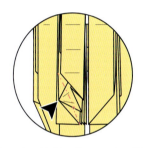
148

中わり折り。

図の点を結ぶ折り筋をつける。

沈め折り（上部は閉じている。下部は開く）。

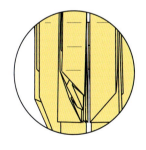
149

150

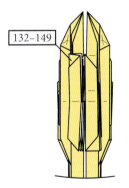
151

上半分の図に戻る。

上に向かって谷折り。

上部も手順132〜149を行う。

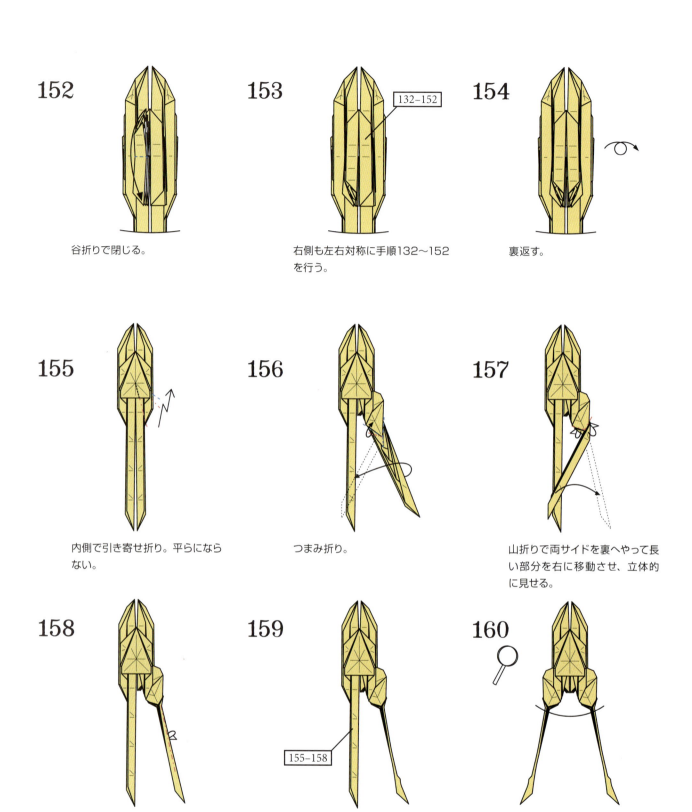

152 谷折りで閉じる。

153 右側も左右対称に手順132〜152を行う。

154 裏返す。

155 内側で引き寄せ折り。平らにならない。

156 つまみ折り。

157 山折りで両サイドを裏へやって長い部分を右に移動させ、立体的に見せる。

158 長い部分の真ん中を山折りする。

159 左側も左右対称に手順155〜158を行う。

160 上半分を拡大。

161
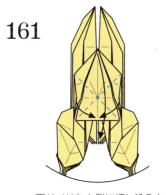
両サイドを内側に押し込みながら手前にたたむ。

162
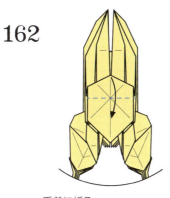
手前に折る。

163
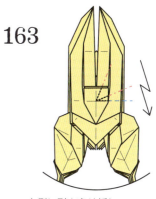
内側に引き寄せ折り。

164
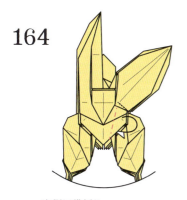
内側に袋折り。

165
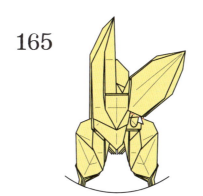
内側に袋折り。

166
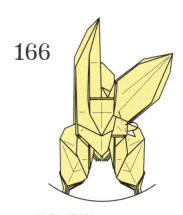
内側に袋折り。

167
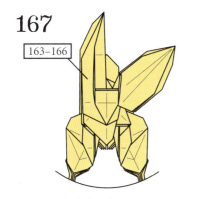
163–166

左側も左右対称に手順163〜166を行う。

168
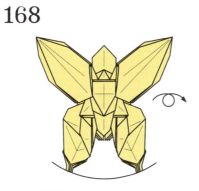
裏返す。

169
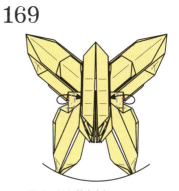
両サイドを花弁折り。

オオミズアオ（ルナモス） 117

170

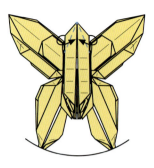

左右のカドを谷折り。

171

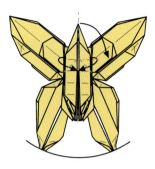

つまみ折り。

172

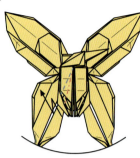

段折り。

173

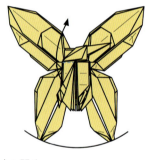

上へ開く。

174

上へ開く。

175

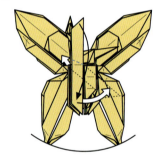

左の下側2枚を右に向かって引き寄せ折りにしながら、上部を手前に折る。左側の中にしまわれていた紙が自由になる。

176

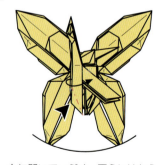

右に開いてつぶす。平らにはならない。

177

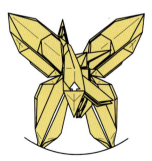

中から紙を引き出す。

178

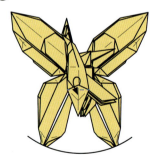

手前に折る。

179
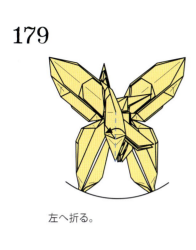
左へ折る。

180

左上に向かって谷折り。

181

袋折り。

182
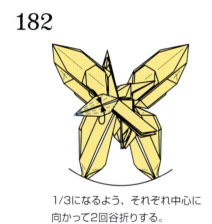
1/3になるよう、それぞれ中心に向かって2回谷折りする。

183
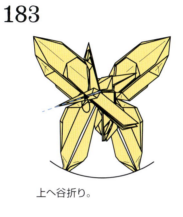
上へ谷折り。

184

袋折り。

185
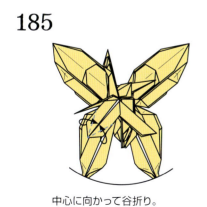
中心に向かって谷折り。

186
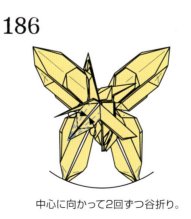
中心に向かって2回ずつ谷折り。

187
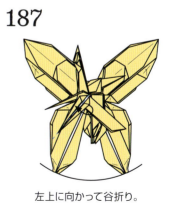
左上に向かって谷折り。

188

袋折り。

189
中心に向けて谷折り。

190
中心に向かって2回ずつ谷折り。

191
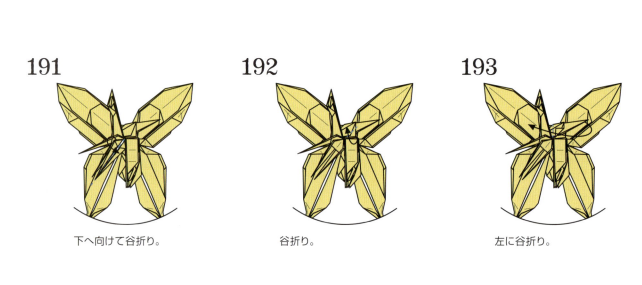
下へ向けて谷折り。

192
谷折り。

193
左に谷折り。

194
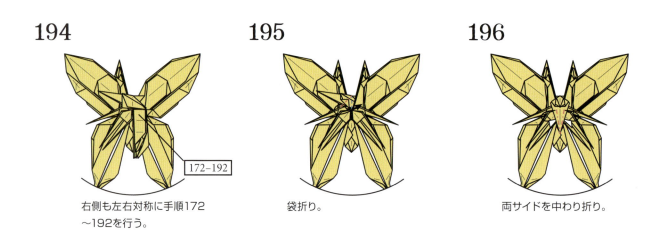
172–192
右側も左右対称に手順172〜192を行う。

195
袋折り。

196
両サイドを中わり折り。

197
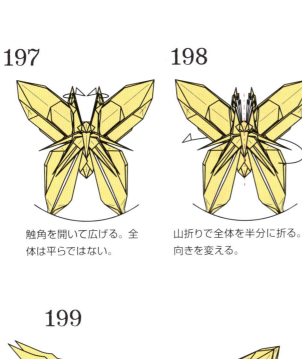
触角を開いて広げる。全体は平らではない。

198
山折りで全体を半分に折る。向きを変える。

199
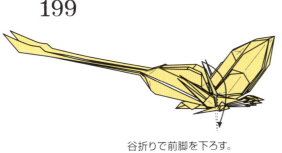
谷折りで前脚を下ろす。

200
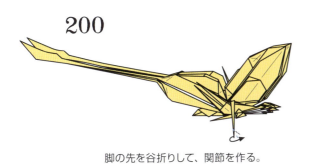
脚の先を谷折りして、関節を作る。

201
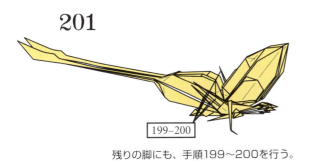
199–200

残りの脚にも、手順199〜200を行う。

できあがったオオミズアオと展開図

オオミズアオ（ルナモス）

シュウキ・カトウ

飛ぶヘラクレス
オオカブト

カミキリムシ

　シュウキ・カトウは6歳の時にジョン・モントロールの著書 *"Origami for the Enthusiast"* で折り紙を学び、それからすぐにオリジナルの作品を作り始めました。2000年にOrigamiUSAの会員となり、折り紙の創作クラスとシンプルな作品を作りながら基本的な折りの技術を覚えるクラスを大学で受け持っています。

　趣味はゴルフ。それから動物、特に恐竜と昆虫について学ぶこと。ファンタジー小説と日本のマンガやアニメのファンでもあります。アメリカのモンタナ州カリスペル在住で、現在自作品をおさめた折り紙の本を執筆中です。

　彼の作品の写真、展開図、解説を以下のFlickrのアカウントで見ることができます。

www.flickr.com/photos/origami-artist-galen/

カミキリムシ

　2008年の作品ですが、2012年に修正を加えました。トレーシングペーパーで折るのが気に入っています。大きさは63.5cm四方がお勧めで、16cm弱の仕上がりとなります。折るのに7時間ほどかかります。

　トレーシングペーパーを使って作品を作るとき、仕上げの段階で水を使います。立体的に成形する直前に水を吹きかけ、しばらく待って少し乾燥してから形を整えるのです。1カ所ずつ分けて行うようにして下さい。水の量が多すぎたり一度に全体を濡らしたりすると、紙がよれよれになってしわができてしまいます。

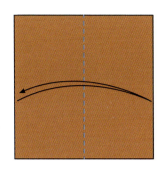

1

色つきの面を上にして置く。辺を2等分する縦の折り筋をつける。

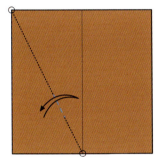

2

谷折り線で示した部分にだけ、折り筋をつける。

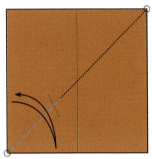

3

谷折り線で示した部分にだけ、折り筋をつける。

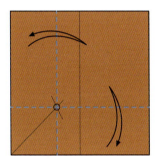

4

交点を通る縦横の折り筋をつける。

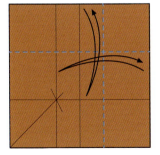

5

辺を3等分する折り筋をつける。

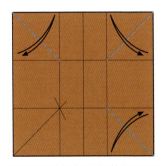

6

3カ所に対角線の折り筋をつける。

7

図の位置に折り筋をつける。中央の四角の中にはつけないこと。

4つのカドを中心線に合わせ、端だけつまんで折りあとをつける。

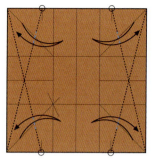

手順8の折りあととカドを結ぶ線のうち図の位置だけつまみ、折りあとをつける。

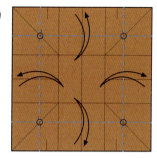

図の交点を通る折り筋をつける。

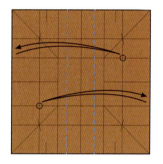

両脇と手順10の折り筋をそれぞれ合わせ、折り筋をつける。

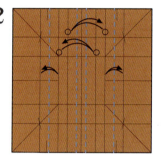

図で示した折り筋同士を合わせ、折り筋をつける。

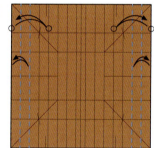

両サイドと図で示した折り筋を合わせ、折り筋をつける。

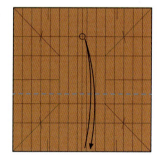

下辺を図で示した折り筋と合わせ、折り筋をつける。

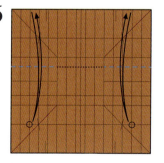

上辺を図で示した折り筋と合わせ、折り筋をつける。

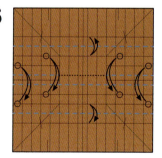

図で示した折り筋同士を合わせ、折り筋をつける。一部折らない部分があるので注意。

17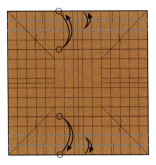
上下の辺を図で示した折り筋と合わせ、折り筋をつける。

18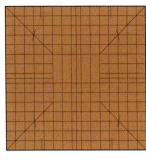
15×15の分割を基本とした折り筋ができあがる。

19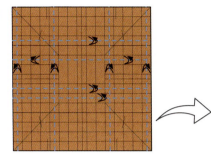
図に示した部分に、さらに折り筋を加える。

20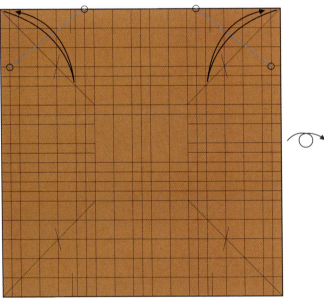
図の点を結ぶ斜めの折り筋をつける。裏返す。

21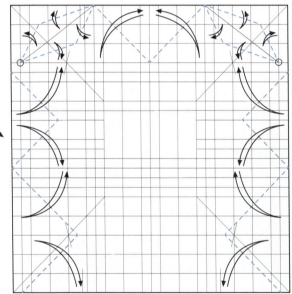
カドを2等分する折り筋を18カ所つける。

22

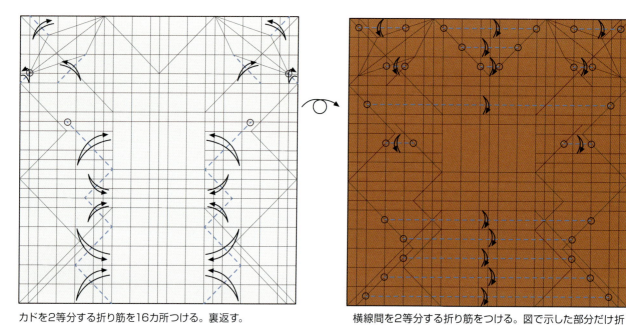

カドを2等分する折り筋を16カ所つける。裏返す。

23

横線間を2等分する折り筋をつける。図で示した部分だけ折るよう注意すること。

24

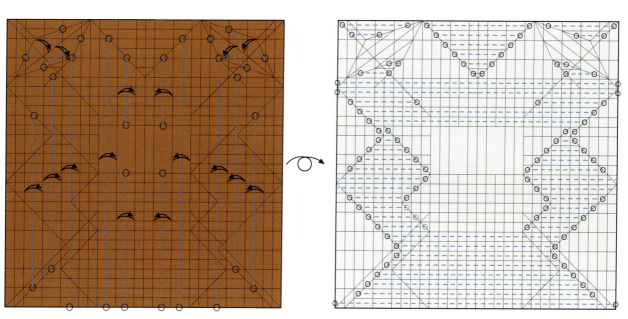

縦線間を2等分する折り筋および斜めの折り筋をつける。図で示した部分だけ折るよう注意すること。裏返す。

25

横線間を2等分する折り筋をつける。図で示した部分だけ折るよう注意すること。

26

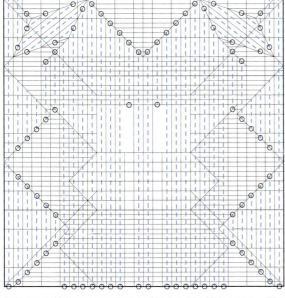

縦線間を2等分する折り筋および斜めの折り筋をつける。図で示した部分だけ折るよう注意すること。

27

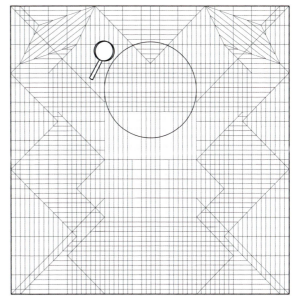

円で囲った部分を拡大する。

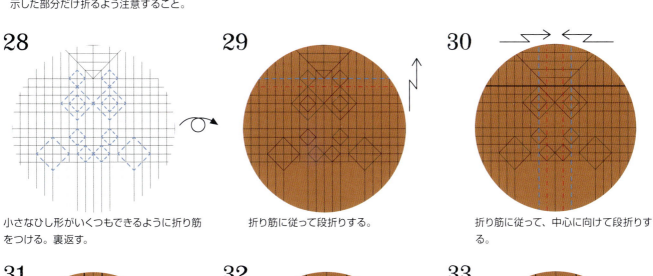

28 小さなひし形がいくつもできるように折り筋をつける。裏返す。

29 折り筋に従って段折りする。

30 折り筋に従って、中心に向けて段折りする。

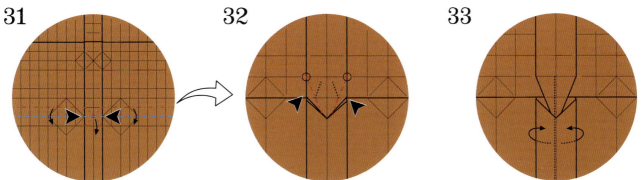

31 真ん中に三角形を作るように左右から押し込みながら段折りする。

32 さらに拡大する。左右のカドを開く沈め折り。

33 後ろから左右に1枚ずつ引き出して、反転させるように表に回す。

カミキリムシ

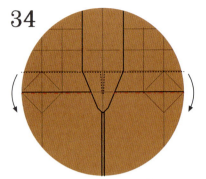

34

内側に折り込まれている紙を下に向けて折る。

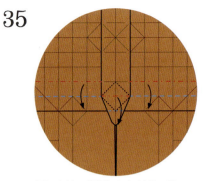

35

下に向けて段折りしながら、真ん中の部分を引き出す。

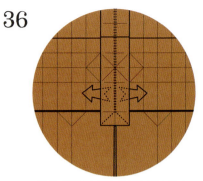

36

両サイドの内側から紙を引き出す。

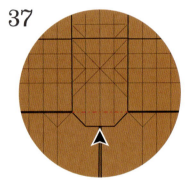

37

閉じた沈め折り。

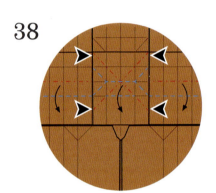

38

折り筋に従って真ん中をつぶしながら、下に向かって段折りする。

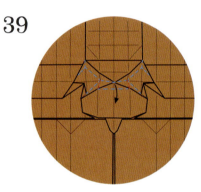

39

途中の過程。

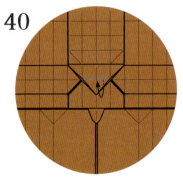

40

三角の部分を上に折り上げ、閉じた沈め折り。

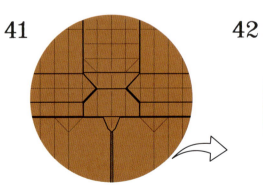

41

もう少し広い範囲の図へ。

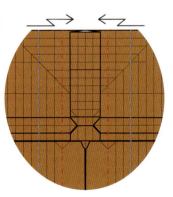

42

折り筋に従って、中央に向けて段折り。

43

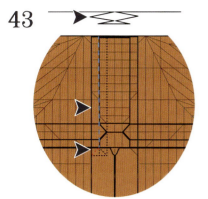

折り筋に従って、ジグザグに折りながらヘリを内側に折り込んでいく。

44

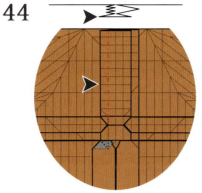

手順43の結果、グレイで示した部分のようになる。上部を開く沈め折りにする。

45

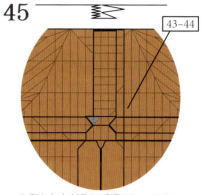

右側も左右対称に手順43〜44を行う。

46

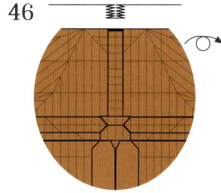

裏返す。

47

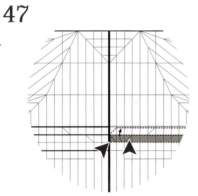

折り込まれていた部分を上に向かって沈め折り。

48

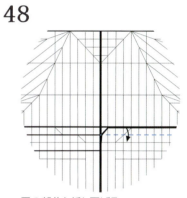

図の部分を折り下げる。

49

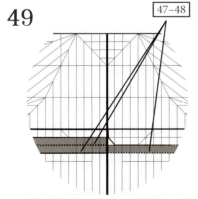

残り3カ所の折り込んだ部分も、手順47〜48を行う。

50

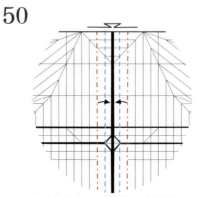

中央に向かって段折り。全体図に戻る。

51

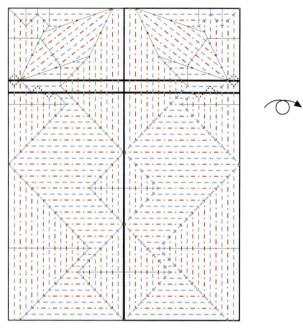

折り筋に従って折りたたむ。実線部分（ほとんどが斜めの線）は、山折りと谷折りが交互に現れることを示している。
＊注：根気のない人には向きません！

52

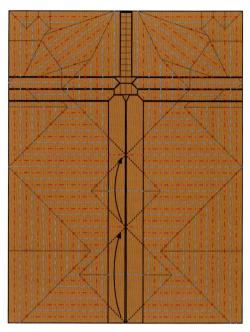

反対の面から折りたたみ方を見たところ。

53 54 55

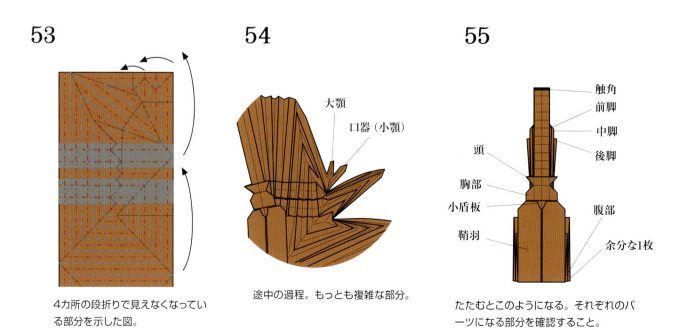

53 4カ所の段折りで見えなくなっている部分を示した図。

54 途中の過程。もっとも複雑な部分。

55 たたむとこのようになる。それぞれのパーツになる部分を確認すること。

56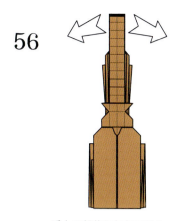
一番上の部分を左右に開く。

57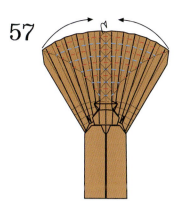
箱ひだをたたむように、上のヘリを内側に折りたたむ。

58
上下を逆さまにする。

59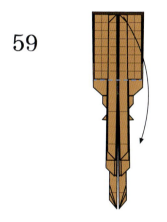
余分の1枚を折り下げる。

60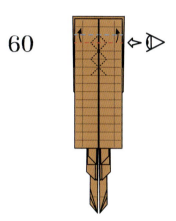
上に向かって段折り。その際、斜めに折り込まれている部分を調整し直す。

61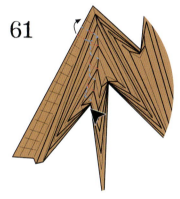
手順60を横から見たところ。

62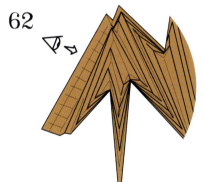
このようになる。手順60の図に戻る。

63
手順60と同様に、上に向かって段折り。

64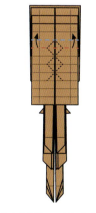
手順60と同様に、上に向かって段折り。

カミキリムシ　131

65

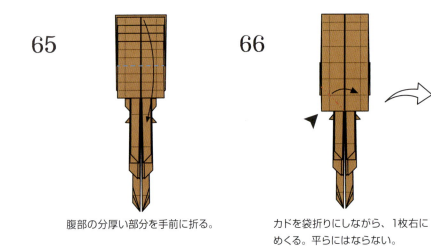

腹部の分厚い部分を手前に折る。

66

カドを袋折りにしながら、1枚右にめくる。平らにはならない。

67

上部を拡大。中の紙を引き出す。

68

引き寄せ折り。

69

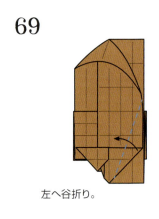

左へ谷折り。

70

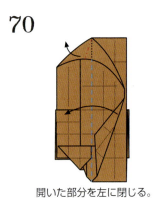

開いた部分を左に閉じる。

71

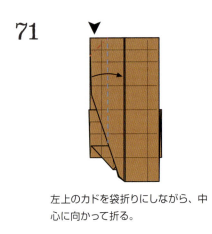

左上のカドを袋折りにしながら、中心に向かって折る。

72

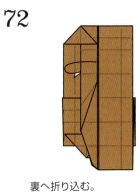

裏へ折り込む。

73

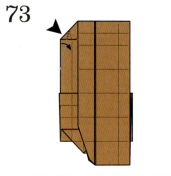

印の部分を内側に引き寄せ折り。

74
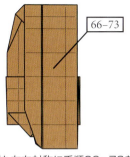
右側も左右対称に手順66〜73を行う。

75

腹部を上に戻す。

76
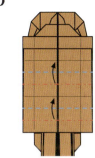
2カ所段折り。

77
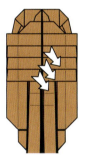
図で示した最後の3回の段折りを開く。

78
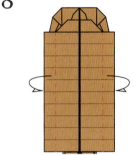
折り筋に従って両サイドを後ろに折る。

79

図で示したカドを裏側に向かって引き寄せ折り。

80

ふたたび段折りする。裏へ折り込んだ部分まで全部折る。

81

隠れている小さな2つのカドを山折り。

82
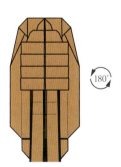
このようになる。180度回転させ、全体図に戻る。

カミキリムシ 133

83

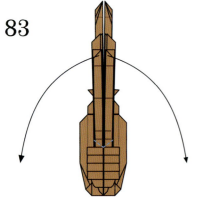

1組の脚を谷折りで両サイドへ。

84

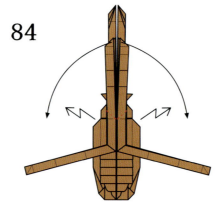

2組目の脚を段折りで真横へ。

85

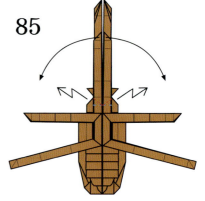

3組目の脚を段折りで斜め上へ。

86

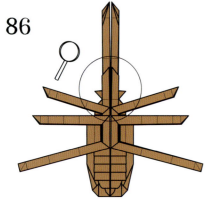

円の部分を拡大する。

87

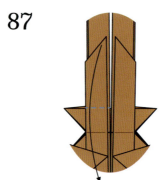

上の1枚を折り下げる。

88

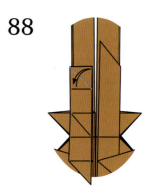

折り筋をつける。

89

カドを2等分するように谷折り。

90

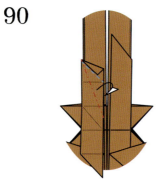

上の1枚を中に折り込む。

91

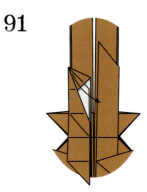

谷折りで右へ。

92

つまみ折り。

93

図で示した場所で、上に向かって谷折り。

94

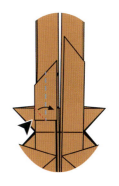

印のカドを袋折りにしながら、右に向けて半分に折る。

95

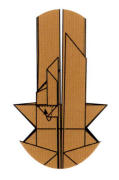

内側に折り込む。

96

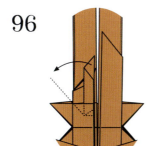

左に向かって引き寄せ折り。

97

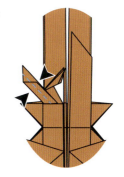

両側から押して谷折りし、幅を半分にする。

98

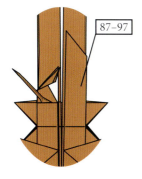

87–97

右側も左右対称に手順87〜97を行う。

99

このようになる。全体図に戻る。

100

後脚を拡大する。

カミキリムシ　135

101

上の1枚を持ち上げ、開く。

102
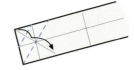
カドを2度谷折り。

103
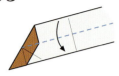
ふたたび半分に折る。

104

このようになる。全体図に戻る。

105
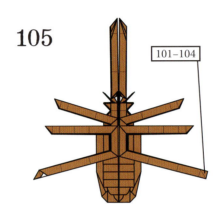
もう1本の後脚も、左右対称に手順101〜104を行う。

106
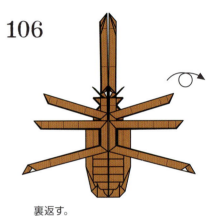
裏返す。

107
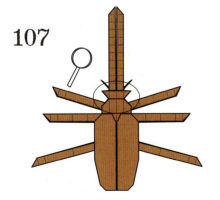
頭部を拡大する。

108

袋折りで目を作る。

109

上の1枚をそれぞれ開いて、後ろに回す。

110

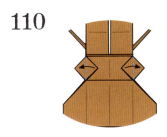

外に向けて谷折り。

111

両サイドの内側から紙を引き出しながら、下に向かって谷折りする。

112

中の紙を上に向かって引き出す。

113

さらに紙を引き出す。

114

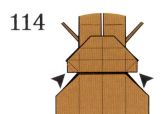

左右のカドを中わり折り。

115

外に折った部分を中に向かって戻す。

116

下のヘリを後ろに折り込みながら、左右のカドから中の紙を少し引き出して目の形を整える。

117

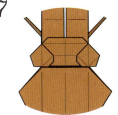

このようになる。全体図に戻る。

118

後脚を拡大する。

119

広げながら先端を中に折り込む。

120

上の1枚を右に折り返す。

121

内側のヘリを中に押し込みながら、左に向かって段折り。

カミキリムシ　137

122
内側のヘリを押し込みながら、外側にかぶさった部分を袋折りにする。

123
上の層を左に折り返す。

124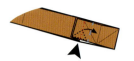
内側のヘリを押し込みながら、右に向かって段折り。

125
上の層を右に折り返す。

126
小さく段折りする。

127
脚全体を山折りで半分に。

128
折り筋をつける。

129
中わり折り。

130
中わり折り。

131
中わり折り。

132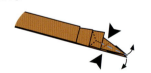
先端を細くして、ツメを開く。

133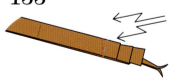
両側を段折りして脚先を持ち上げる。

134

このようになる。全体図に戻る。

135

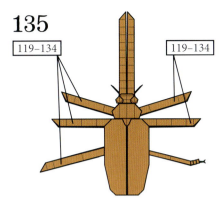

残りの脚も手順119〜134を行う。

136

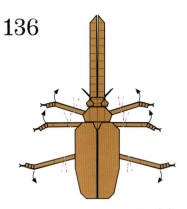

すべての脚を段折りして、図の方向に向ける。

137

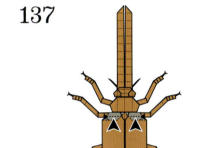

内側の2つのヘリを上向きに沈め折り。

138

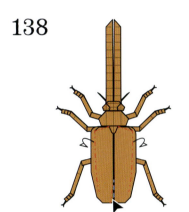

鞘羽の形を整える。

139

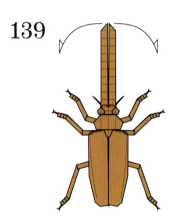

山折りで触角を横に開く。触角の部分を拡大。

140

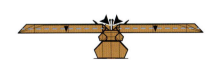

触角の幅を細くする。

141

触角を段折りして斜め下へ。

142

触角は段折り、大顎はカーブをつけ、口器は両側を段折り。

カミキリムシ *139*

143

触角をさらに細くして、先端を少しカーブさせる。全体図に戻る。

144

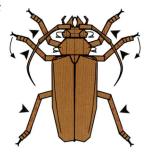

さらにそれぞれのパーツを本物らしく整える。

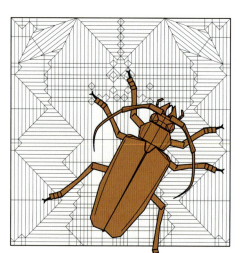

完成したカミキリムシと展開図

飛ぶヘラクレスオオカブト

2005年の作品に、2012年に修正を加えたものです。O-gamiという折り紙用紙を使っていますが、他の紙なら50gsm以下（gsmとは1㎡当たり1gである紙の厚さ）のなるべく薄いものにして下さい。ちなみにトレーシングペーパーは41gsmです。43cm四方の紙で、広げた羽の幅が16.5cmの作品になります。完成までおおよそ5時間から7時間はかかるでしょう。

1
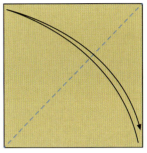

色つきの面を上にする。対角線の折り筋を1本つける。

2
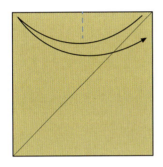

上の辺を2等分する場所をつまみ、折りあとをつける。

3
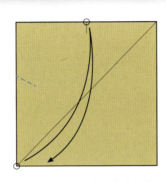

左下のカドと2の折りあとを合わせ、つまんで折りあとをつける。

4
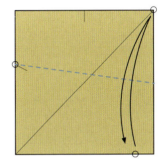

右上のカドと下辺を合わせ、3の折りあとを通る折り筋を軽くつける。

5
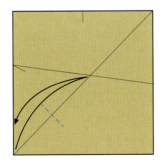

左下のカドと折り筋の交点を合わせ、つまんで折りあとをつける。

6

左下のカドと5の折りあとを合わせ、折り筋をつける。

7
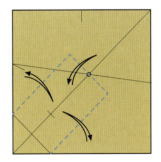

3本の折り筋をつける。折り筋4本で長方形ができるようにする。

飛ぶヘラクレスオオカブト　141

8

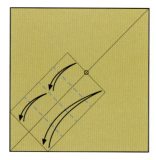

長方形を4分割する折り筋3本をつける。手順2〜5でつけた折り筋はもう表示していないことに注意。

9

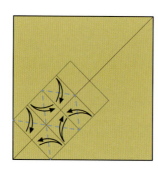

図の位置に折り筋をつける。

10

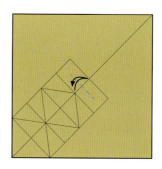

長方形の1/4をさらに2分割する折り筋をつける。図に示した部分だけ。

11

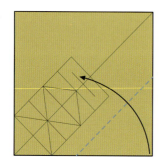

手順12の図を参照して谷折りする。

12

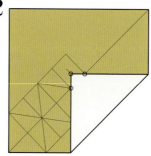

図に示した3点を合わせる。

13

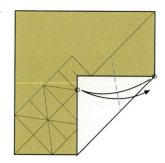

図の点を合わせて折り筋をつける。

14

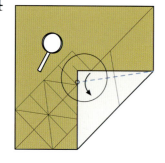

紙のフチを手前に折り返す。折り筋の正確な位置は、手順15の図を参照。

15

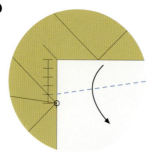

上のカドと印の点の間を5等分し、1目盛分上にずれた場所を起点にする。

16

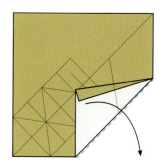

図の場所を開く。

17
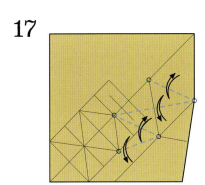
印をつけた点を結ぶ折り筋をつける。

18
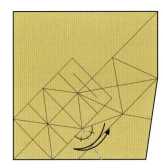
カドを2等分する折り筋をつける。

19
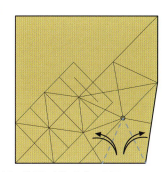
図の位置に折り筋をつける。

20
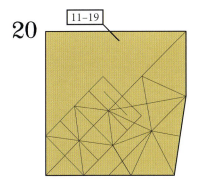
ここまでつけた折り筋。左上も左右対称に手順11〜19を行う。

21
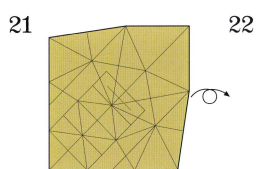
裏返す。

22
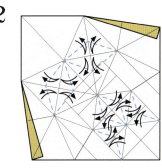
カドを2等分する折り筋を16カ所つける。

23
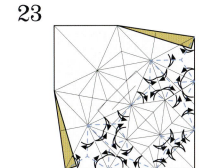
カドを2等分する折り筋を30カ所つける。

24
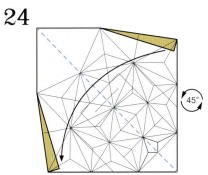
対角線で右上から左下にたたむ。反時計回りに45度回転させる。

25
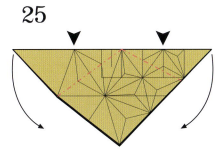
両サイドを中わり折り。この先、手順36まで、すでに折り筋をつけてある場合を除き、しっかり折る必要はない。

飛ぶヘラクレスオオカブト　143

26

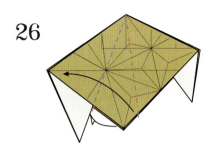

左に向けて段折り。裏側も同様に。

27

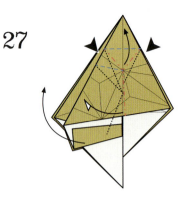

花弁折り。手前に持ち上がった部分は左に倒す。平らにはならない。

28

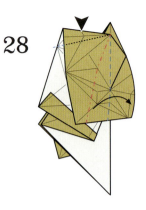

右に向けて袋折り。

29

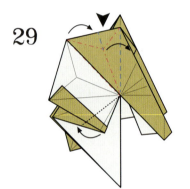

上部をつぶしながら右に向けて動かし、花弁折り。

30

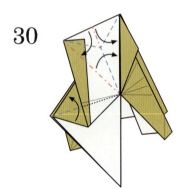

図に従ってつまみ折り。

31

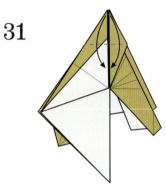

2枚下に折る。

32

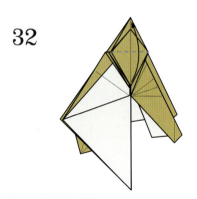

1枚上に折る。

33

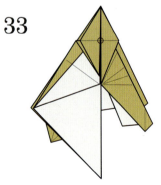

印の部分で左右の折り筋が合っていることを確認すること。手順15の通りに折り筋の起点をずらしていない場合、左の折り筋が上にずれる。

34

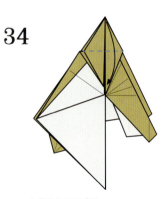

1枚折り下げる。

35

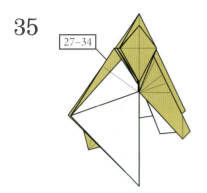

裏側も手順27〜34を行う。

36

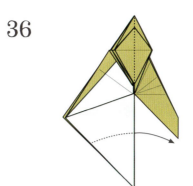

左裏側を右に折り返す。

37

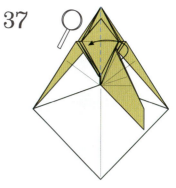

中心線に従って右から左に折り返す。上部だけ拡大する。

38

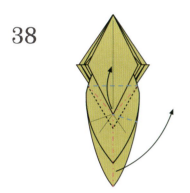

真ん中をつまみ上げて右に倒す。

39

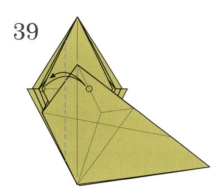

印の2点を合わせて折り筋をつける。

40

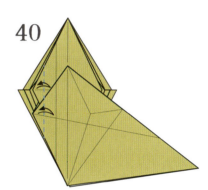

図の位置に折り筋をつける。ひし形左半分の3等分線になっている。

41

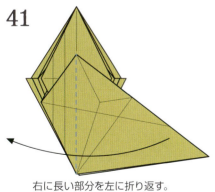

右に長い部分を左に折り返す。

42

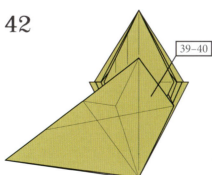

右側も左右対称に手順39〜40を行う。

43

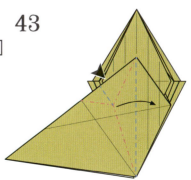

花弁折りのような感じで、真ん中をつまみ上げて右に倒す。

44

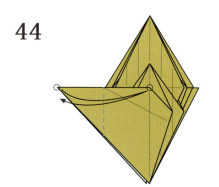

印の2点を合わせて折り筋をつける。

45

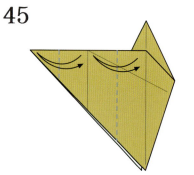

さらに2等分する折り筋をつける。

46

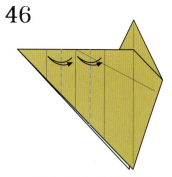

さらに2等分する折り筋をつける。

47

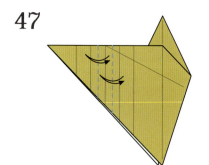

さらに2等分する折り筋をつける。

48

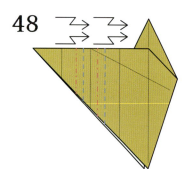

折り筋に従って両側を段折りする。

49

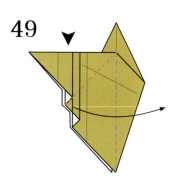

袋折り。

50

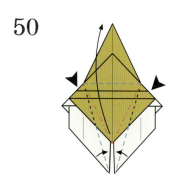

軽く山折りしながら、花弁折り。

51

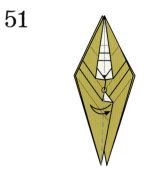

折り筋をつける。

52

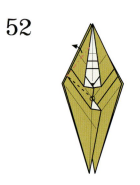

上部を小さく横に開く。

146　世界のオリガミ・マスターズ BUGS

53

内側に折り込んで平らにする。

54

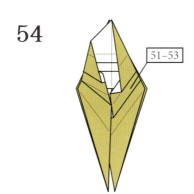

右側も左右対称に手順51〜53を行う。

55

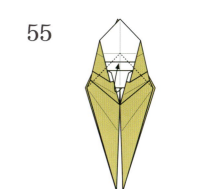

三角の部分を後ろ側から手前に出す（裏側から閉じた沈め折りをする）。

56

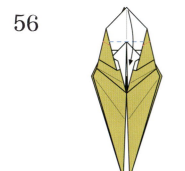

上端を折り下げ、内側に入れる。

57

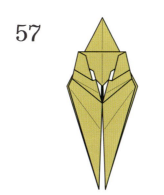

このようになる。全体図に戻る。

58

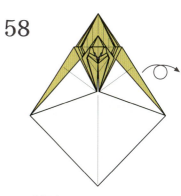

裏返す。

59

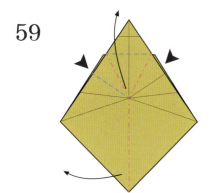

花弁折り。真ん中をつまみ上げて左に倒す。

60

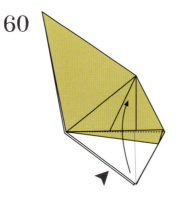

ポケットの部分を反転させる（沈め折りを引き出す）。

61

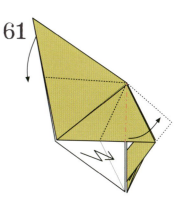

内側の紙を段折りしながら、上の1枚を右にスライドさせる。

62
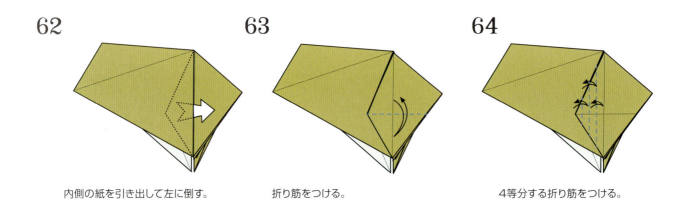
内側の紙を引き出して左に倒す。

63
折り筋をつける。

64
4等分する折り筋をつける。

65
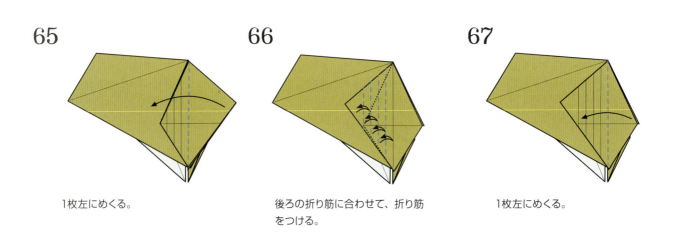
1枚左にめくる。

66
後ろの折り筋に合わせて、折り筋をつける。

67
1枚左にめくる。

68
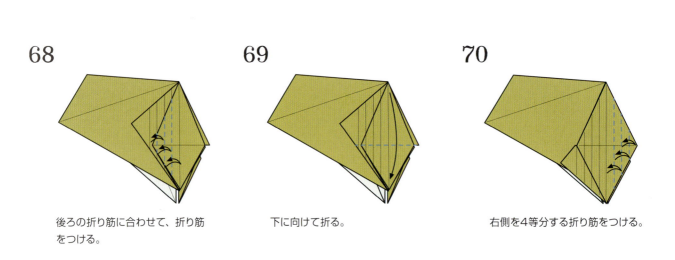
後ろの折り筋に合わせて、折り筋をつける。

69
下に向けて折る。

70
右側を4等分する折り筋をつける。

71
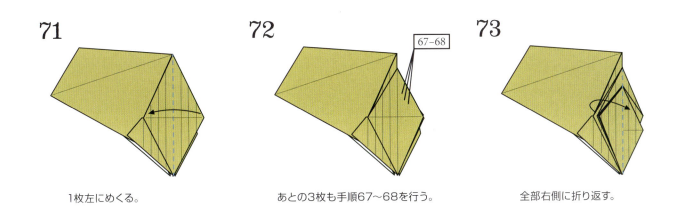
1枚左にめくる。

72
あとの3枚も手順67〜68を行う。

73
全部右側に折り返す。

74

左側を右に折り返す。

75
右側も手順60〜73を行う。

76
左に向けて袋折り。

77
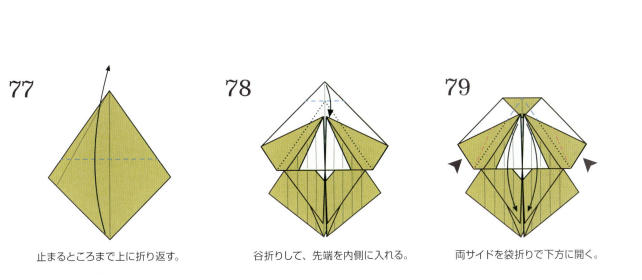
止まるところまで上に折り返す。

78
谷折りして、先端を内側に入れる。

79
両サイドを袋折りで下方に開く。

飛ぶヘラクレスオオカブト 149

80

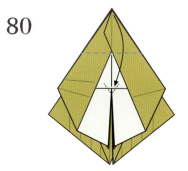

上のカドを折り線を少し越えたところに合わせて谷折りする。

81

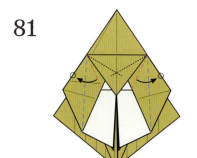

両サイドをそれぞれ外に向かって引き寄せ折りにする。

82

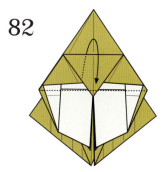

内側から1枚表に出す。

83

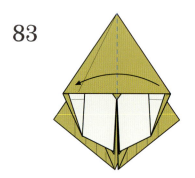

1枚左に折り返す。

84

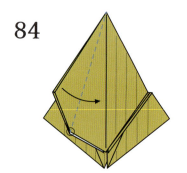

中心線に合わせて谷折りする。折り線とカドが一致しなくても、気にしなくていい。

85

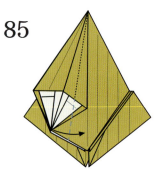

内側のヘリを中心線に合わせて谷折りする。

86

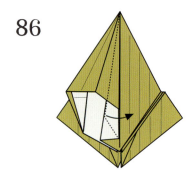

裏側に折り込まれている部分を表に出す。

87

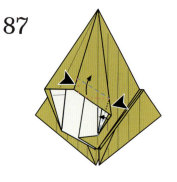

上に向かって花弁折り。手順88の図を参照。

88

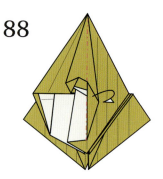

このようになる。右側をふたたび裏に折り込む。

89

右から左に折り返す。

90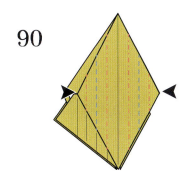

折り筋に従って、開く沈め折りで両サイドを中に折り込む。

91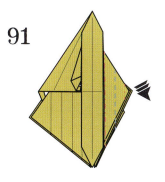

右側にある残り3つの部分も、同様に中に折り込む。

92

1枚上に折り上げる。

93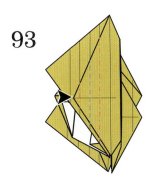

折り筋に従って、開く沈め折りで内側に折り込む。

94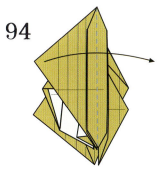

1枚右に折り返す。

95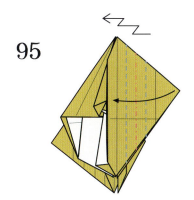

段折り。

96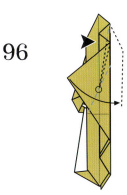

右に折り返して、段折りした部分を開く。

97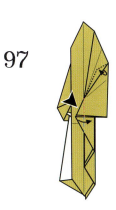

上部は中わり折りしながら、1枚を表に持ってくる。

飛ぶヘラクレスオオカブト　*151*

98

上の1枚をそっと引いて、下の1枚から離す。

99

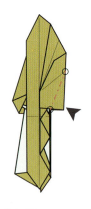

カドを中わり折り。

100

羽を下に折る。

101

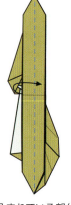

中に折り込まれている部分を引き出して、右に折る。

102

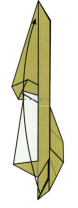

羽をふたたび上に折り返す。

103

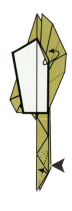

上部にあるわずかな折り返しを裏に回す。下に伸びた部分を中わり折りにする。

104

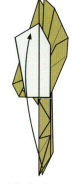

1枚上に折り上げる。

105

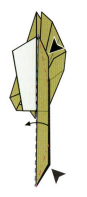

上下のカドを広げてつぶしながら左に開く。

106

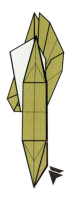

下の残り2つのカドも、同様に広げてつぶす。

107
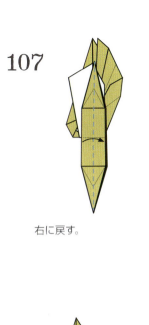
右に戻す。

108
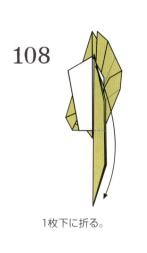
1枚下に折る。

109
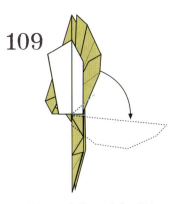
羽を谷折りで右横に。完全に平らにはならない。

110
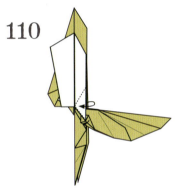
裏側の1枚を表に持ってきて、平らにする。

111
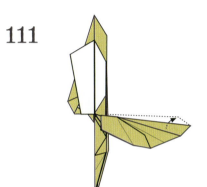
後ろからヘリを1つ分表に持ってくる。

112
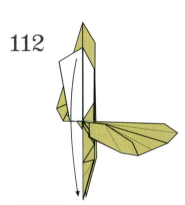
下に折る。

113
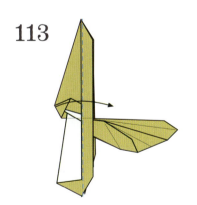
1枚右に折り返す。

114
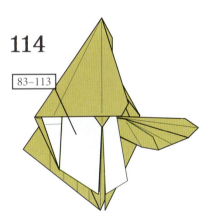
左側も左右対称に手順83〜113を行う。

115
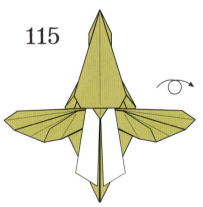
このようになる。裏返す。

飛ぶヘラクレスオオカブト　153

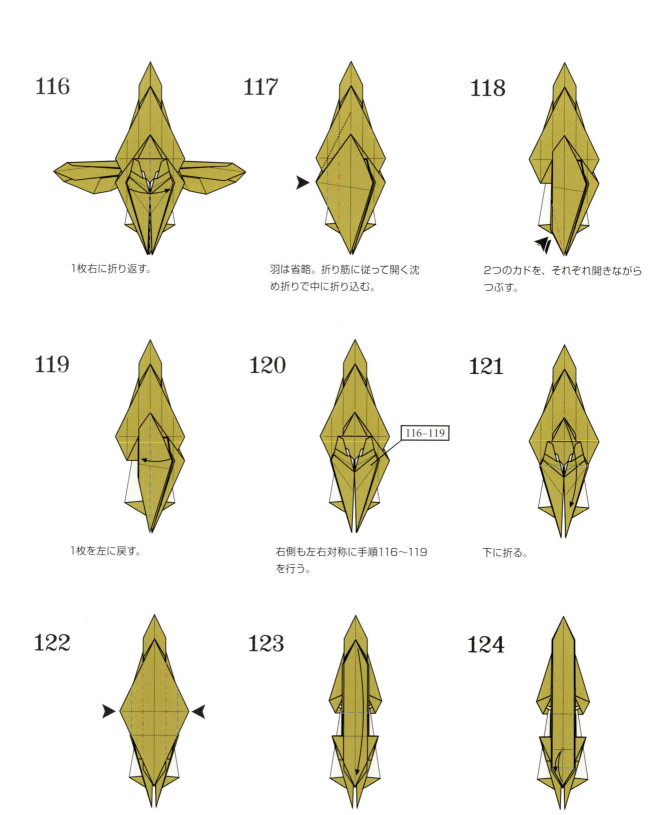

125

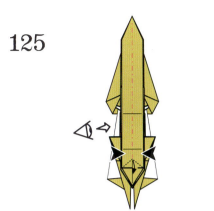

両サイドを押し込みながら下部に三角の部分を作り、紙を手前に引き出す。平らにはならない。

126

横から見た図。図のように折りたたむ。

127

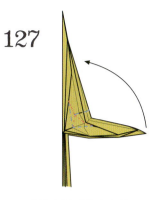

図のように折りたたむ。

128

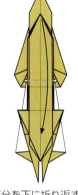

分厚い部分を下に折り返す。

129

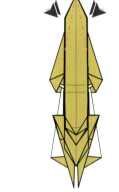

上部の4つのカドを広げてつぶす。

130

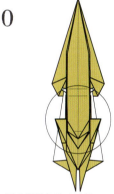

円の部分を拡大する。

131

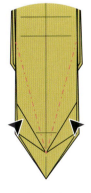

2つのカドを広げながらつぶす。

132

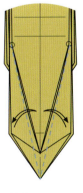

折り筋をつける。

133

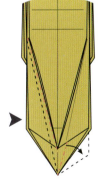

左のフチが点線の位置に来るように調整する。

飛ぶヘラクレスオオカブト　*155*

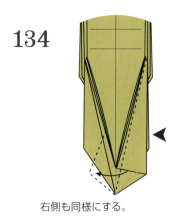

134 右側も同様にする。

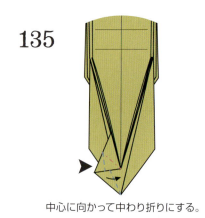

135 中心に向かって中わり折りにする。

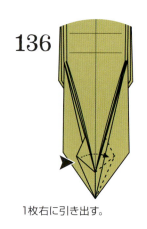

136 1枚右に引き出す。

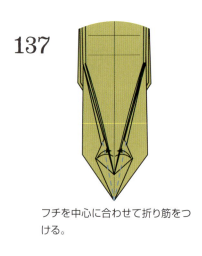

137 フチを中心に合わせて折り筋をつける。

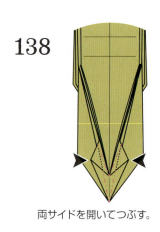

138 両サイドを開いてつぶす。

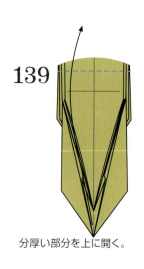

139 分厚い部分を上に開く。

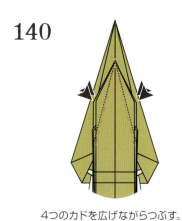

140 4つのカドを広げながらつぶす。

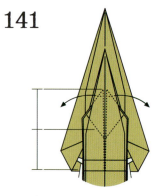

141 内側に隠れている部分を、半分を少し越えたあたりで中わり折りにする。

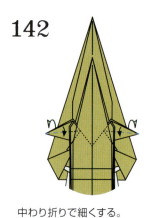

142 中わり折りで細くする。

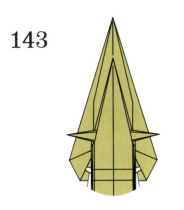

このようになる。全体図に戻る。

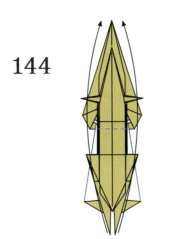

下部をまとめて上に折り上げる。

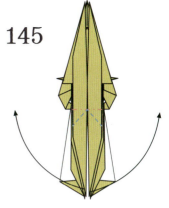

一番上の1対を段折りで両サイドに。紙が均等に分かれるようにする。

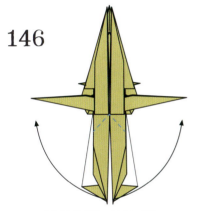

2対目を谷折りで両サイドに。

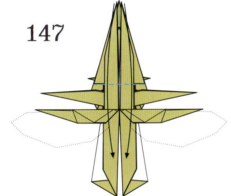

上部の1対を下に向けて折る。

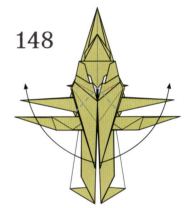

段折りで両サイドへ。

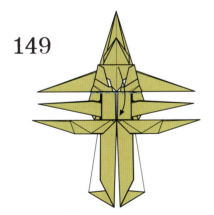

下に折る。

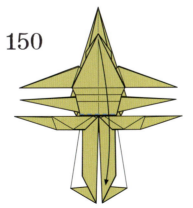

下に折る。

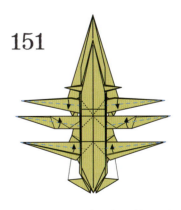

脚を細くする。真ん中の1対は、すべての層をまとめて半分に折ることになる。

飛ぶヘラクレスオオカブト

152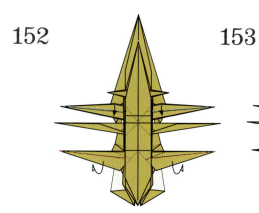
上の1対の脚は谷折り、下の1対は中わり折り。

153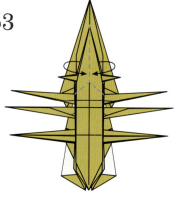
両サイドを手前に向かって立てるように折りたたむ。

154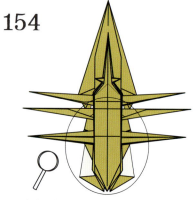
腹部を拡大する。

155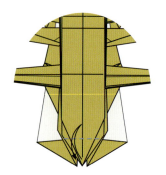
先端に折り筋をつける。

156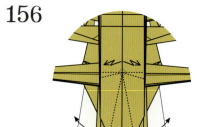
下の層を段折りで外に広げる。

157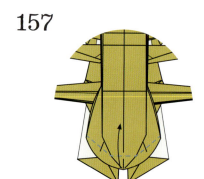
折り上げて平らにする。

158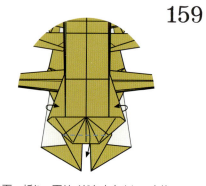
下へ折り、両サイドを内向きに。立体的になる。

159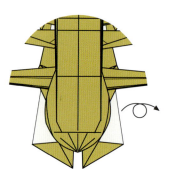
このようになる。裏返す。

160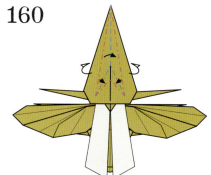
図のように折って、ツノの形を作る。

161
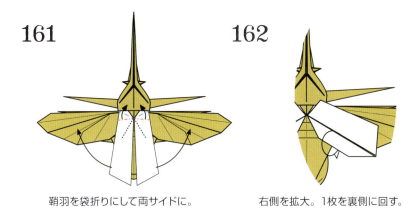
鞘羽を袋折りにして両サイドに。

162
右側を拡大。1枚を裏側に回す。

163

印のカドとカドを合わせて山折り。

164
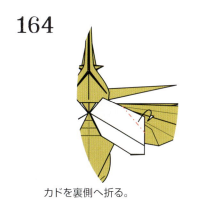
カドを裏側へ折る。

165

小さく段折り。

166

手順164、165で折ったところを開く。

167
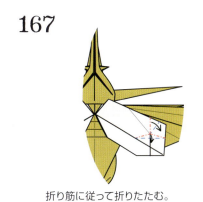
折り筋に従って折りたたむ。

168

中わり折りで固定する。

169
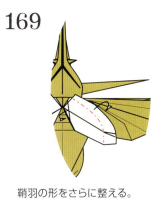
鞘羽の形をさらに整える。

飛ぶヘラクレスオオカブト　*159*

170

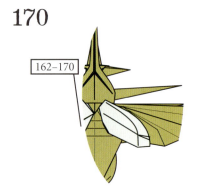

このようになる。左側も左右対称に手順162〜170を行う。

171

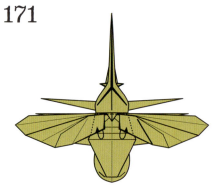

鞘羽を省略して表示。裏側のフチを前面に持ってくる。

172

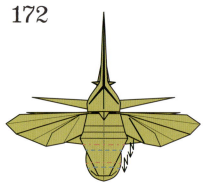

腹部を2カ所段折り。

173

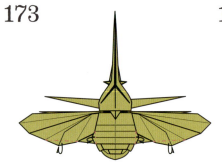

腹部と羽のフチを折って、丸く成形する。

174

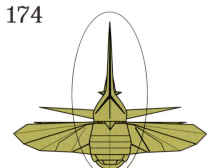

このようになる。体と脚だけ表示する。

175

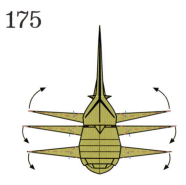

すべての脚をつまみ折り。

176

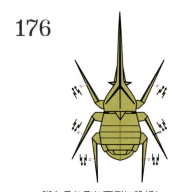

脚をそれぞれ両側に段折り。

177

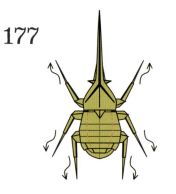

脚を自然な形に整え、体に丸みをつける。

178

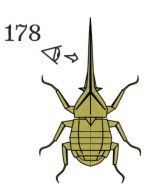

このようになる。頭部と長いツノだけを横から表示。

179

ツノの形を整える。

180

触角をつまみ折りして、先端を前方に曲げる。

181

このようになる。全体図に戻る。

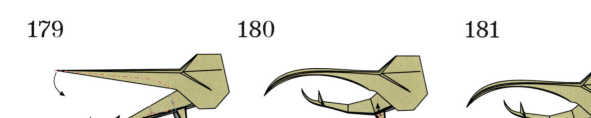

飛ぶヘラクレスオオカブトのできあがり

完成作品と展開図

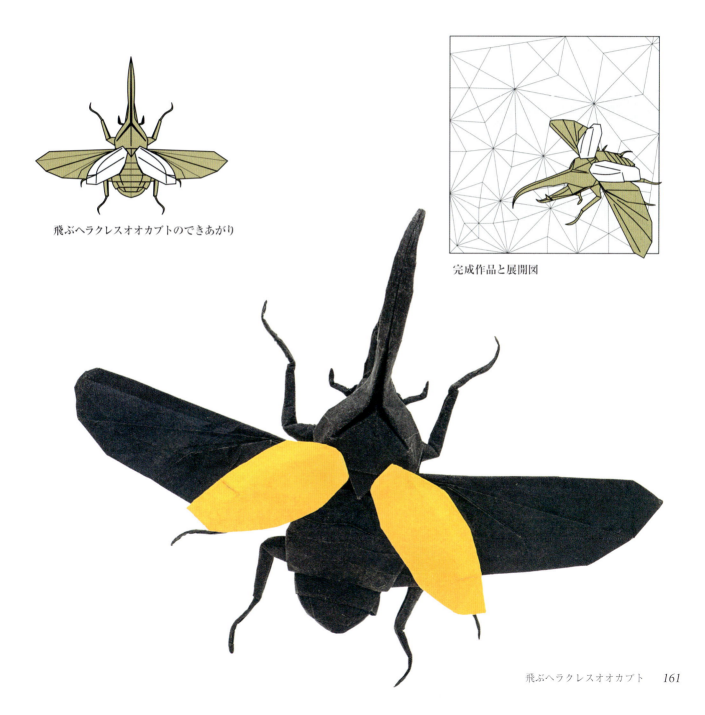

飛ぶヘラクレスオオカブト　*161*

ロバート・J・ラング

スズメバチ

ロバート・J・ラングはアメリカのジョージア州アトランタで生まれ育ち、プロの折り紙創作家になる前は電気工学の学位と物理学の博士号を持つ科学者でした。

ラング博士は折り紙と数学を融合させた先駆者のひとりです。折り紙の工学分野への応用についてコンサルティングを行うと同時に、細部にこだわった写実的な作品作りで知られています。ニューヨーク近代美術館や日本折紙博物館など、彼の作品は世界中で展示されています。ラング博士は折り紙と、その科学とのかかわりについて精力的に講演を行い、芸術的技巧と工業デザインへの応用の両分野でワークショップを行っています。米国光学学会の特別研究員であるとともに、IEEEフォトニクスソサイエティのメンバー及びその機関誌『量子エレクトロニクスジャーナル』の元編集長で、2012年には数学における新分野の創設、発展、振興、他分野との連携、活用などへの顕著な貢献があったとして、アメリカ数学会の初代特別研究員に選ばれています。

出版した本は共著者として名を連ねているものも含めると14冊に及び、折り紙についての記事も数多く書いています。アメリカのカリフォルニア州アラモ在住です。

スズメバチ

40cm四方以上のなるべく薄い紙を使うと、きれいに仕上がります。写真の作品は40cm四方の紙で作りました。乾いた状態で折り始め、作品が立体的になってきたら細い絵筆と小皿に入れた水を用意して、脚、羽、体の各パーツを1カ所ずつ湿らせて形をつけていきます。必ず1カ所が乾いてから、次の部分に取りかかりましょう。

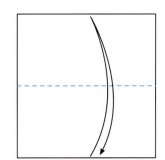

1

半分に折って開く。

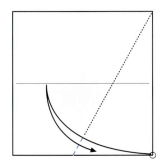

2

右下のカドを折り筋に合わせ、下辺をつまんで折りあとをつける。

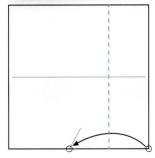

3

右下のカドを手順2の折りあとと合わせて折る。

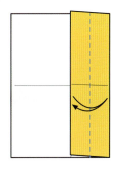

4

手順3で折った部分を図のように折り返して、折り筋をつける。

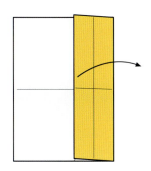

5

開く。

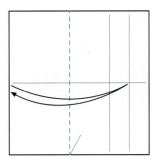

6

左のフチを図の折り筋に合わせ、折り筋をつける。

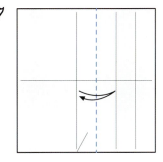

7

図の位置に折り筋をつける。

スズメバチ 163

8
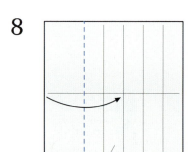

左のフチを図の折り筋に合わせて折る。

9
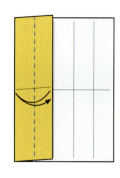

手順8で折った部分を図のように折り返して、折り筋をつける。

10
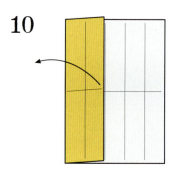

開く。

11
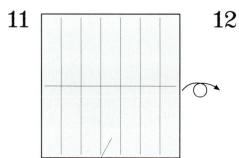

裏返す。

12
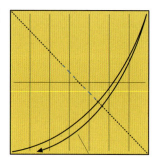

右上と左下のカドを合わせ、図の位置だけ押さえて折り筋をつける。

13
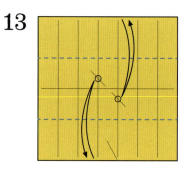

上下のフチを図の交点と合わせ、折り筋をつける。

14
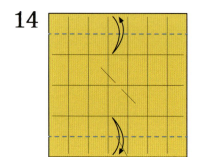

上下のフチを図の折り筋に合わせ、折り筋をつける。

15
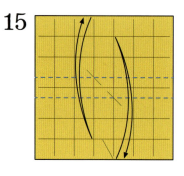

上下のフチを図の折り筋に合わせ、折り筋をつける。

16
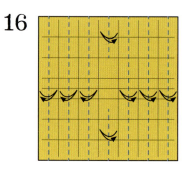

図に従って、折り筋をつける（不要な折りあとは省略）。

17

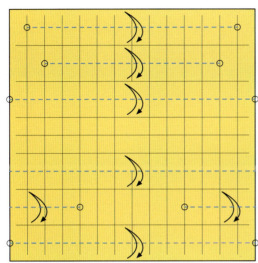

図に従って折り筋をつける。

18

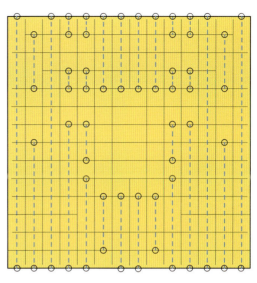

図に従って折り筋をつける。

19

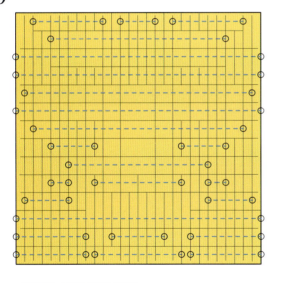

図に従って折り筋をつける。

20

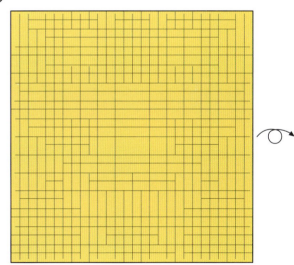

裏返す。

スズメバチ

21

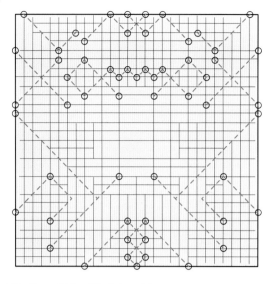

図に従って斜めの折り筋をつける。

22

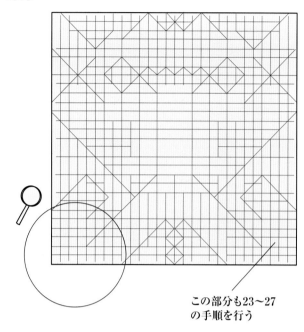

この部分も23〜27の手順を行う

円の部分を拡大する。右下部分も、左右対称に手順23〜27を行う。

23

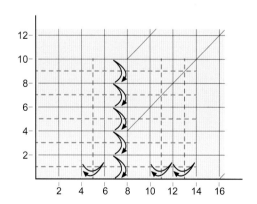

図に従って折り筋をつける。わかりやすいように、各辺をそれぞれ56分割する数字を振ってある。

24

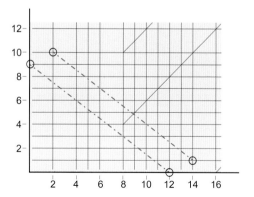

図の位置で山折り。

25

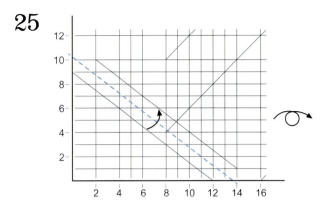

手順24の折り筋同士を合わせて谷折り。裏返す。

26

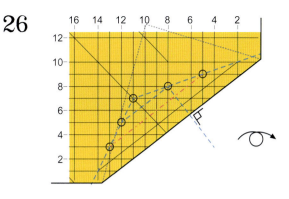

図に従って折り筋をつける。ふたたび白い面を上にする。

27

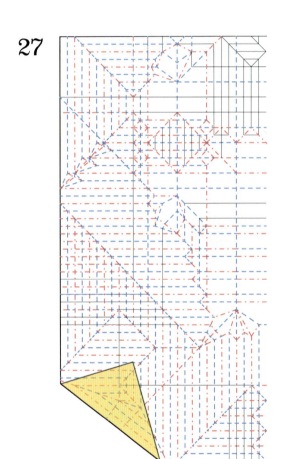

図に従って左側にさらに折り筋をつける。斜めの折り筋を加える。縦横の折り筋は、しっかりつけ直したり延長したりする。薄い色で表示したものも含め、すべての折り筋はのちに必要になる。不要な折り筋は、わかりやすくするため省略している。

28

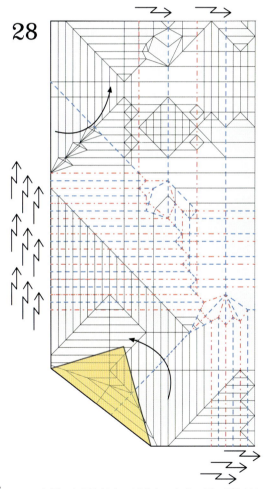

右側にも折り筋をつけ終わったら、図の折り筋に従って折りたたむ。全体に及ぶ大掛かりな過程の一部なので、一度に行う必要がある。

スズメバチ　*167*

29

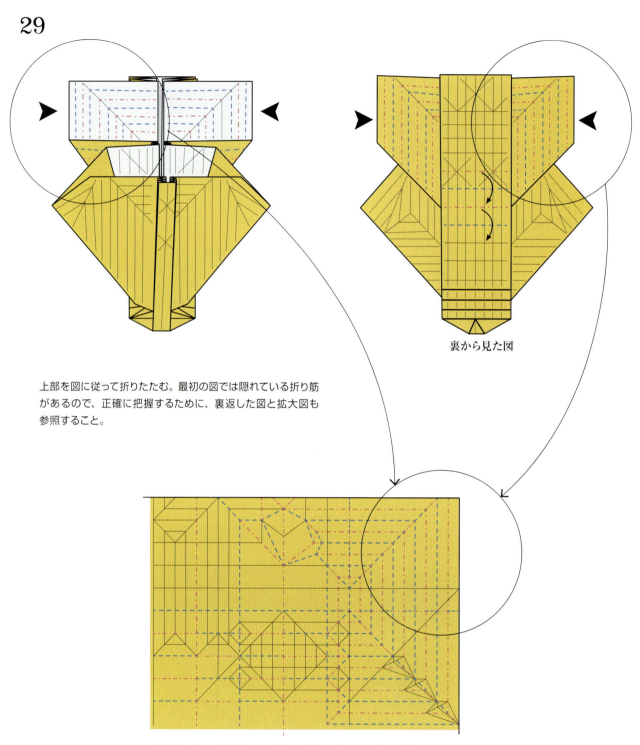

上部を図に従って折りたたむ。最初の図では隠れている折り筋があるので、正確に把握するために、裏返した図と拡大図も参照すること。

裏から見た図

折り方がはっきりわかるように、折った部分を広げて表示

30

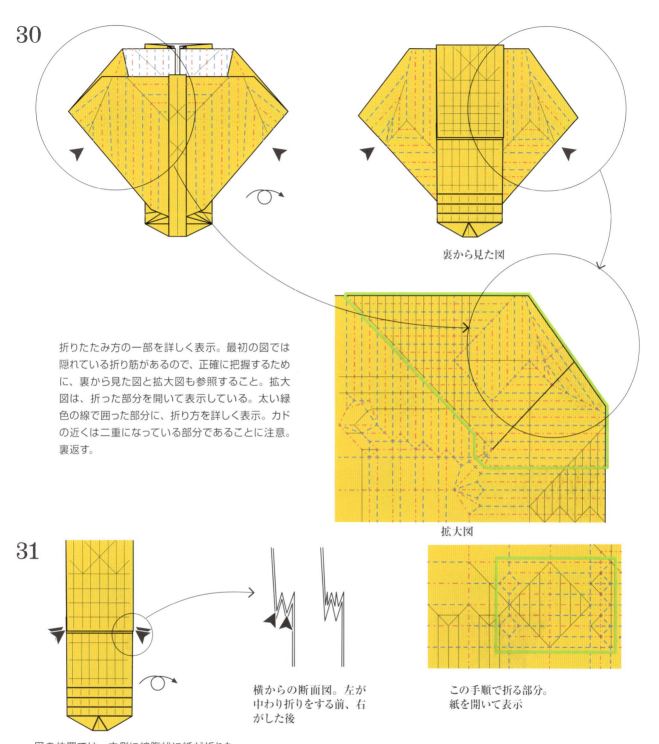

折りたたみ方の一部を詳しく表示。最初の図では隠れている折り筋があるので、正確に把握するために、裏から見た図と拡大図も参照すること。拡大図は、折った部分を開いて表示している。太い緑色の線で囲った部分に、折り方を詳しく表示。カドの近くは二重になっている部分であることに注意。裏返す。

裏から見た図

拡大図

31

横からの断面図。左が中わり折りをする前、右がした後

この手順で折る部分。紙を開いて表示

図の位置では、内側に蛇腹状に紙が折りたたまれている。それを各々中わり折りをして、蛇腹の数を2倍に増やす。右に示した拡大図の色つきの線で囲った部分の折り筋に従う。裏返す。

スズメバチ

32

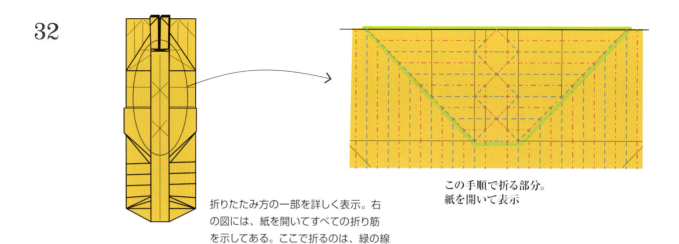

折りたたみ方の一部を詳しく表示。右の図には、紙を開いてすべての折り筋を示してある。ここで折るのは、緑の線で囲った部分。

この手順で折る部分。紙を開いて表示

33

34

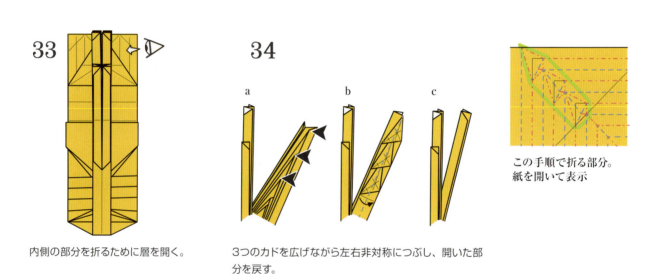

この手順で折る部分。紙を開いて表示

内側の部分を折るために層を開く。

3つのカドを広げながら左右非対称につぶし、開いた部分を戻す。

35

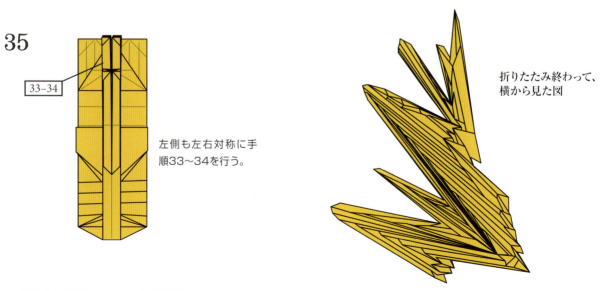

33–34

左側も左右対称に手順33〜34を行う。

折りたたみ終わって、横から見た図

170　世界のオリガミ・マスターズ BUGS

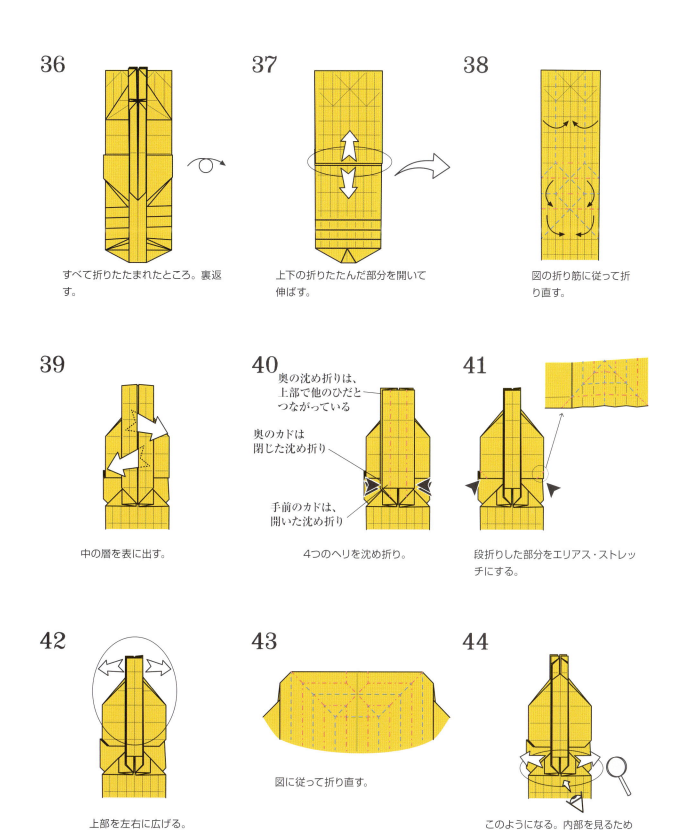

スズメバチ 171

45

この部分を開いて完全に平らにはできない

図に従って平らになるように折り直す。

46

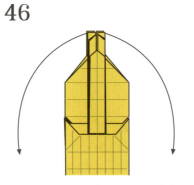

図のように中わり折りで左右に開く。それぞれ3つのつぶし折り部分は、層を均等に分ける。

47

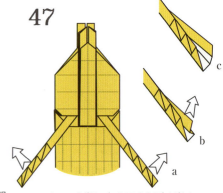

a、b、cの順に中のフチを引き出す。

48

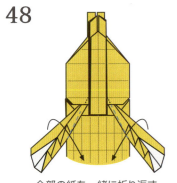

全部の紙を一緒に折り返す。

49

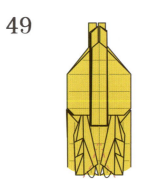

羽の一部を裏に折り込む。

50

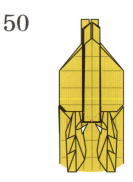

重なった層を合わせて、裏へ折り返す。

51

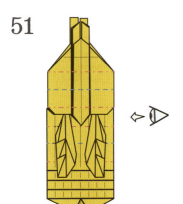

段折りする部分の折り筋をつける。脚は垂直に立ち上がる。次に横から見た図を表示。

52

脚は垂直に飛び出している状態

手順51の段折り部分

羽

腹部

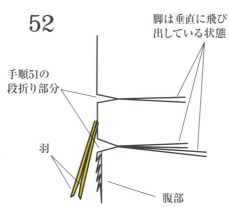

横から見た概略図。

53

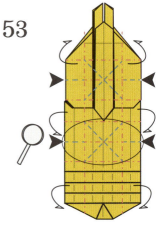

図に従って立体的に折っていく。体の各部分が分かれる。見やすいよう羽は省略しているので注意。次に円の部分を詳しく表示。

54
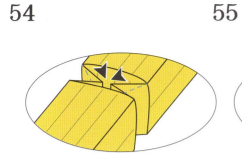
カドを中わり折りして、胸部と腹部がはっきりと分かれるようにする。

55
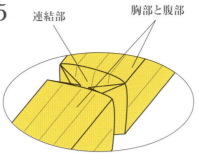
このようになる。このあと体を形作っていく過程では、カドまできっちり折らず柔らかめに折り、体に自然な丸みが出るようにする。

56
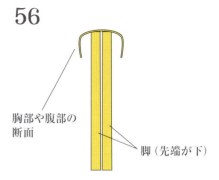
体の各部断面の概略図。

57
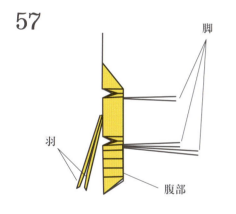
横から見た体を立体的に表示した概略図。

58
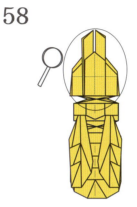
頭を拡大して表示。

59
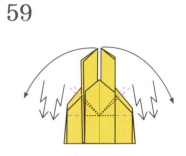
触角を両側に段折りして、左右に広げる。

60
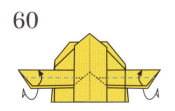
両側に谷折りして、触角を細くする。

61
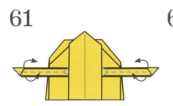
つまみ折りで立体的にする。

62
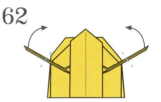
触角を上方に曲げる。

63
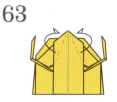
カドを裏に折り込む。

64

先端を裏へ折り込む。

65
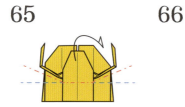
矢印の部分を、ちょうどいい角度になるよう裏に向かって柔らかく折る。触角の根元を段折りにする。

66
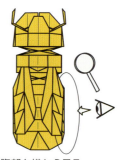
腹部を横から見る。

67
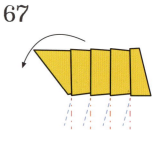
カーブをつけ、両側を段折り。

68
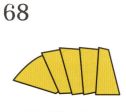
このようになる。

69
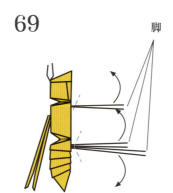
横から見た概略図。脚を折って平らにする。

70
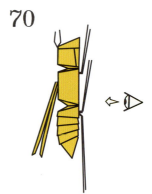
腹側から見る。

71
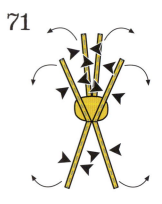
谷折りで脚を細くして、外に向けて折る。

72
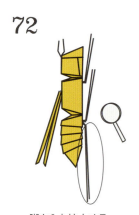
脚を1本拡大する。

73
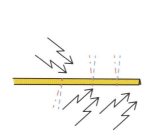
両側を段折り。

74

中わり折りで脚先を作る。

75

できあがった脚。残りの脚も同様にして、写真を参考に位置を調整する。

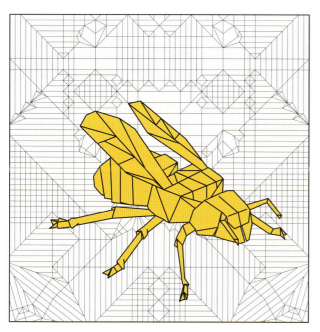

折り上がったスズメバチと展開図

裏から見たところ

スズメバチ

展開図

本書ではいくつかの作品で、折り図による説明のあとに、すべての折り筋を描き入れた展開図が掲載されていることに気づかれた方もいるでしょう。完成作品のイラストとともに示されているものです。このように、折り図による細かい解説とともに展開図を公表するのが、最近の流れなのです。非常に複雑な作品の場合は特にそうで、展開図しか公表されないというケースも増えています。

作り方の工程を折り図で説明できるようになる前は、実演してみせるしか人に伝えるすべはありませんでした。それが今では、すべての折り筋を描き入れた展開図を見るだけで作品を再現できるのです。入り組んだ折り筋が複雑な模様を描き出す展開図はそれ自体がとても美しいもので、今回いくつかの作品に展開図をつけられたことをうれしく思っています。

けれども展開図を見て作り方を理解するためには、それなりの技術が必要です。慣れていない人は、いくら眺めてもまるでイメージがわかないでしょう。けれども熟練した折り手にとっては、いくつもの図とともに長々と説明されるより、簡単に折るプロセスの概略がつかめてしまうのです。そうした人たちのために、完成作品のイラストに隠されていない完全な展開図もお見せしましょう。

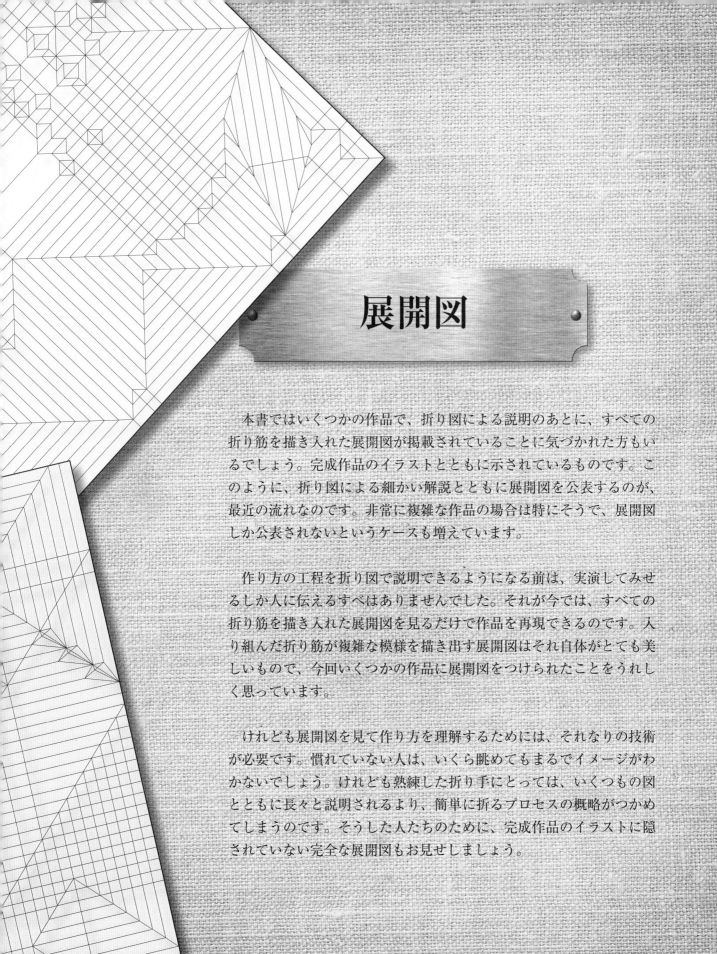

サイカブトムシ

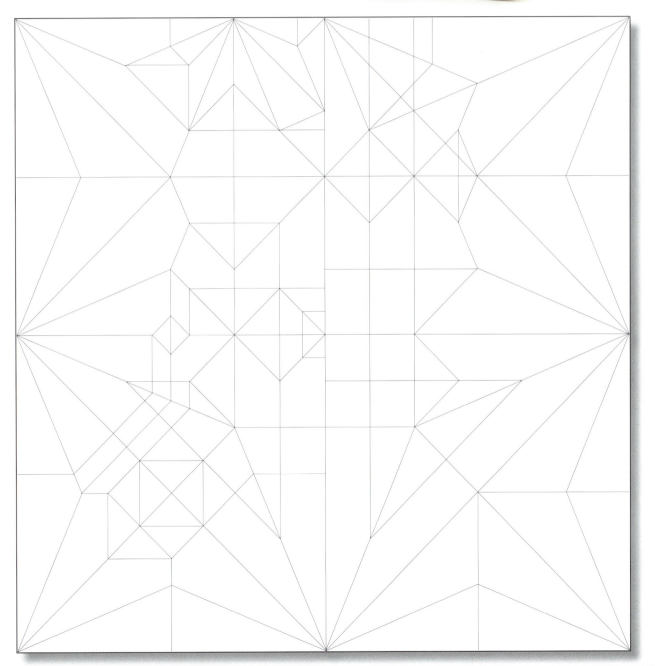

展開図

オオミズアオ（ルナモス）

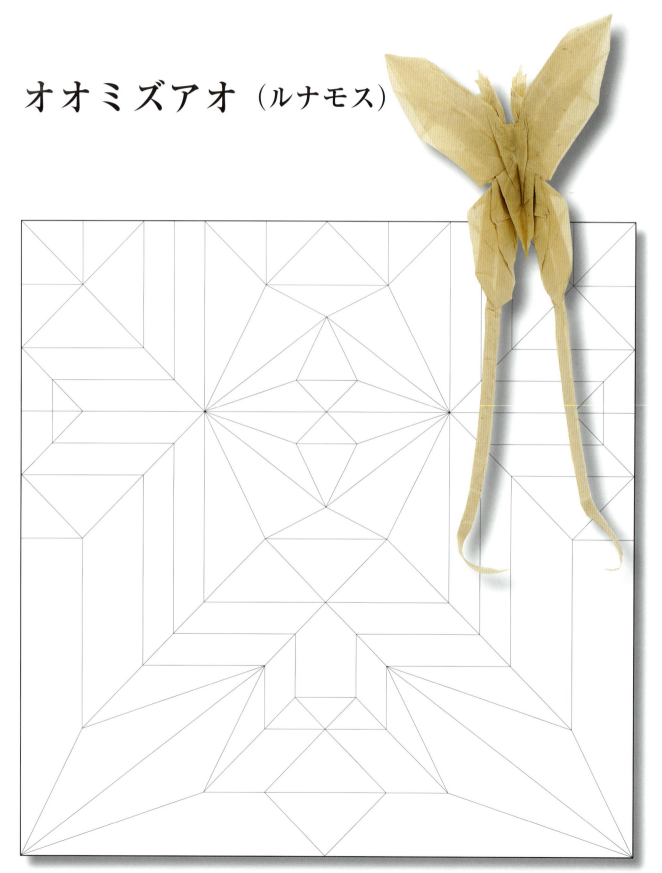

カミキリムシ

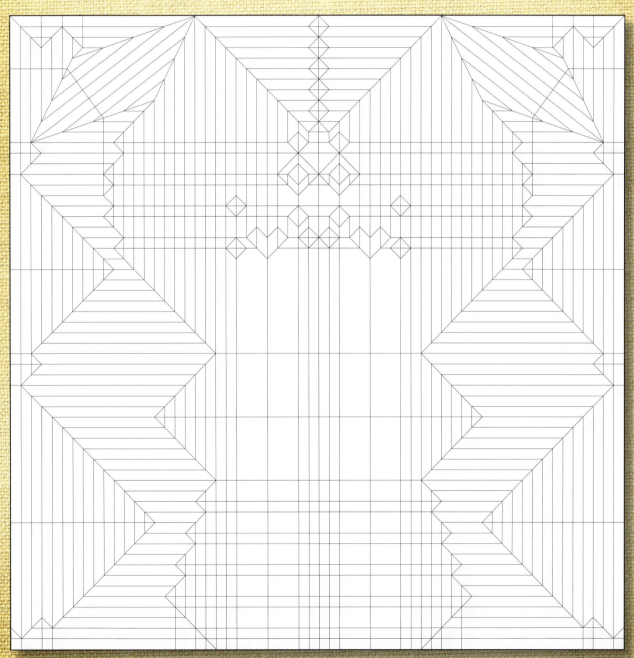

展開図

飛ぶヘラクレスオオカブト

スズメバチ

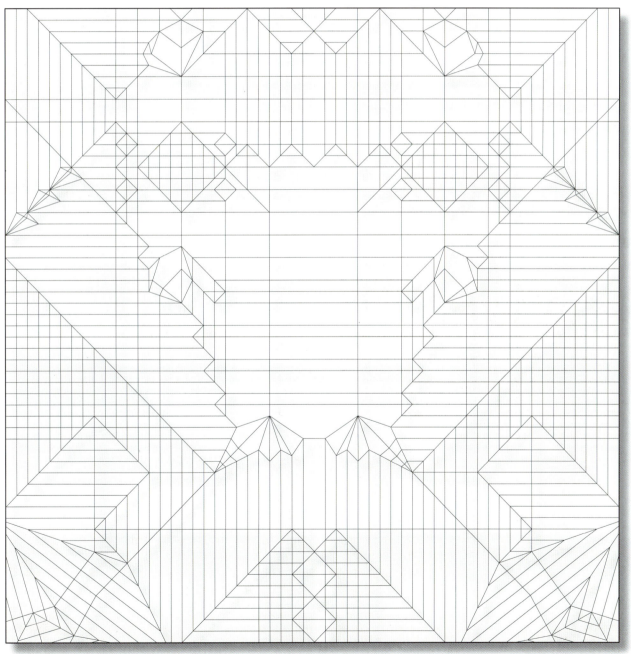

展開図

編集者について

シェリー・ガースタインは、多くの折り紙の本を編集している編集者兼ライターです。7歳のときに折り紙を始め、現在は折り紙の装身具を制作してetsy.com/shop/papergirlinctで販売しています。オリジナリティあふれる作品を作り出したいと願っています。

マルシオ・ノグチ

「どの絵にも、それぞれ物語がある。これはまさに、折り図のためにあるような言葉です。折り図は1枚の紙が芸術作品へと形を変えていくストーリーを語っているのです。

折り図の描き手は、実線、点線、矢印などの記号を用いながら順を追って図を示していくことで、より明確に作り方を伝えようと努力します。素晴らしい折り図というものは、描き手の苦労をまったく感じ取らせません。例えば太い実線は「紙のフチ」を、細い実線は「それまでにつけた折り筋」を、点線は「後ろに隠れている線」を表しますが、これらは図で工程を説明する際のいわば言語で、見ただけでその意味が伝わるものなのです。折り手が簡単に理解できてこそ、よい折り図と言えるのです。

この本には7人の創作家の作品が収められていますが、すべてに共通している点があります。彼らのストーリーはすべて、マルシオ・ノグチという1人のイラストレーターによって語られているということです。

マルシオ・ノグチはブラジル生まれの日系人で、子供のころ折り紙を習いました。けれども本格的に折り紙をするようになったのは、2000年代の半ばにアメリカに移住してからでした。

それ以来彼は、多くの折り紙創作家の作品のために折り図を描いてきました。本として出版されているものもありますし、アメリカやイギリスや日本といった国の折り紙団体のコンベンションで配布されたものもあります。「折り図とはストーリーなのです」と彼は言います。「ひとつひとつの図は断片的に工程を示すだけでなく、前後とつながっています。1本の折り筋を示しただけのシンプルな図もあれば、複雑で大規模な折りたたみ方を示したものもありますが、たとえ説明文の言葉が理解できなくても、素晴らしい折り図というのはまるで読書をしているかのように情報がスムーズに頭の中に入ってくるものです」

彼はOrigamiUSAの評議員で、日本折紙学会のサポーティングメンバーでもあります。アメリカのニューヨーク州ウエストチェスター郡在住です。

著作権

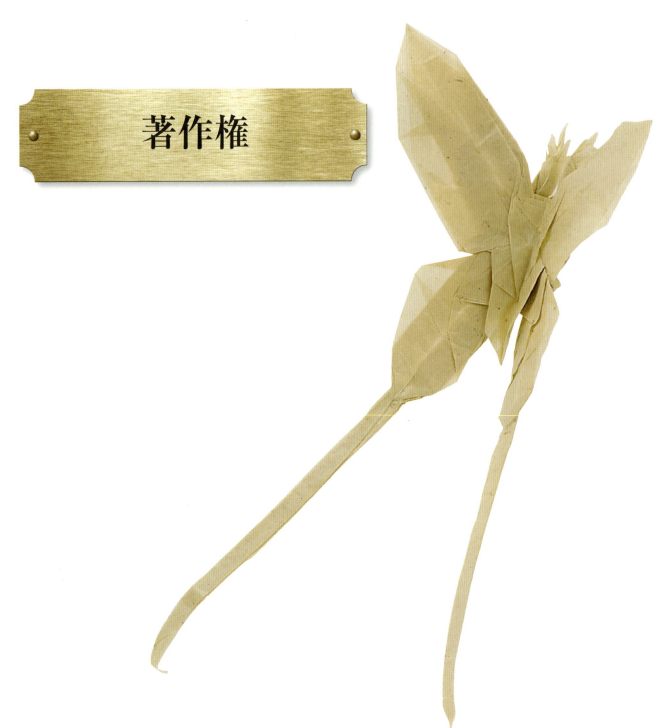

図の著作権：P.19-27マルシオ・ノグチ、P.29-45セバスチャン・アレラーノ、P.47-69マーク・カーシェンバウム、P.71-81アンドリュー・ハドソン、P.83-121ジェイソン・クー、P.123-161シュウキ・カトウ、P.163-174ロバート・J・ラング

写真の著作権：P.8 Thinkstock、P.9 Getty Images、P.10『*The Art of Origami*』(サミュエル・ランドレット著、ダットン社から1961年刊行)より。出版社の許可を得て使用したもの：P.11ゴキブリの作品と折り図は『*Origami Design Secrets*（第二版）』(ロバート・J・ラング著、©2012テイラーアンドフランシスグループＬＬＣ)より、P.162(ロバート・J・ラングの写真)スティーブン・A・ヘラー（©2008）、P.183 (マルシオ・ノグチの写真) シェリー・ガースタイン